철인왕은
없다

철인왕은 없다

심의민주주의로 가는 길

이한 지음

차례

추천의 글 _7
서문 왜 새로운 민주주의인가? _11

1장 • 국회에는 왜 바보들이 득실거릴까? _13
정치 혐오를 넘어 | 민주적 의사소통의 형성

2장 • 민주주의란 무엇인가? _33
민주주의의 최소 개념 | 규제적 이상으로서의 민주주의

3장 • 엘리트주의의 도전 _45
계몽된 이해 | 온전한 대의

4장 • 위기의 대의민주주의 I _65
다수결 제도의 한계 | 정당정치의 한계 | 선거제도의 한계와 '정책 전환'

5장 • 위기의 대의민주주의 II _99
선거와 투표의 한계 | 클라로! 비판적 토론을 거부하는 문화 | 커뮤니케이션 구조와 여론 정치

6장 · 직접민주주의는 더 나은 민주주의인가? _131

잘못된 반론 | 단순 직접민주주의 모델 사고실험 | 직접민주주의 가상 모델의 문제점 | 단순 직접민주주의의 잘못된 전제들

7장 · 현실의 직접민주주의 제도들 _149

타운미팅 | 레퍼렌덤과 소환제 | 시민의 권한을 강화하는 참여 제도 | 우리의 과제

8장 · 심의민주주의의 탄생 _173

심의민주주의란 무엇인가 | 심의민주주의 설계를 위한 일곱 가지 지침

9장 · 더 나은 민주주의를 위한 제안 _189

민주주의 이념의 온전한 관철 | 대안 민주주의 모델 | 삼중 유인 구조

10장 · 자유로운 시민들의 새로운 민주주의 _223

국민을 고발하고 시민을 옹호한다 | 문지기의 기준 | 입헌민주주의와 참주정 사이 | 참주정의 은밀한 공격 | 그 무엇이 되고자 하는 시민

후주 _241

찾아보기 _249

최근 한국 민주주의에서 뚜렷한 두 방향에서의 흐름을 발견하게 된다. 하나는 대의제 민주주의로, 제도, 정부, 의회, 정당, 선거와 같은 민주주의의 기본 제도들을 통해 통치 체제로서의 민주주의를 어떻게 잘 운영할 것인가에 주안점을 두는 이해 방식이다.

그런가 하면 다른 하나는 직접민주주의라 할 수 있는 것으로, 시민, 특히 참여적이고 계몽적인 시민들이 중심적인 역할을 수행해야 한다고 믿는 흐름이다. 그들은 인민 스스로가 통치의 주체라는 의식과 더불어 시민사회를 조직하는 확고한 포럼이 될 수 있도록 집단지성을 창출하는 것이 민주주의의 본질이자 토대가 돼야 한다고 믿는다.

이 책은 엘리트 지배의 철학적 핵심으로서 플라톤의 "철학자왕"에 대해, 로버트 달의 "계몽적 시민"을 민주주의의 가장 중심이 되는 가치로 설정한다. 나아가 그러한 시민은 직접민주주의의 주체이고 동력일 뿐 아니라, 대의제 민주주의를 보완하고 심화시킴으로써 성격이 다른 두 유형의 민주주의를 연결시키는 고리로서의 역할을 갖는다. 이러한 관점이 의미하는 바는 두 민주주의가 계몽적 시민을 통해 접합될 수 있다면, 그로 인해 대의제의 한계가 보완될 수 있다는 사실이다.

저자는 민주주의의 서로 다른 이해 방식에 대한 이론서들을 널리 읽고, 이를 지적 토대로 하여 한국 민주주의의 발전과 정치 현실이 안고 있는 문제 해결을 위한 자신의 해답을 발견하고자 시도한다. 특기할 만한 것은 저자가 정치학자가 아니라, 법을 훈련받고 법을 다루는 변호사라는 점이다.

이러한 그의 직업적, 지적 배경은 정치철학자이자 법철학자인 존 롤즈를 다루는 대목에서나, 직접민주주의를 더 광범하고 구체적으로 시행하고 있는 유럽이나 미국 같은 나라의 사례들을 말할 때 잘 드러난다. 저자가 주민투표 또는 국민투표에 대해 그리고 바우처 제도와 같은 제도들에 대해 말할 때 디테일이 돋보인다. 다른 책을 통해 보기 어려운 이 책의 가장 큰 특징이자, 장점이라고 생각한다. 그러나 저자가 책의 무게중심을 심의민주주의에 두고 있는 결과 과도한 도덕적, 규범적 책무를 계몽적 시민됨에 부과하게 된다. 동시에 대의제 민주주의의 본질적 측면이기도 한 대표와 책임의 문제라든가, 지적 역량과 통치의 기술을 겸비한 통치자의 능력 문제, 또한 심의민주주의가 제안된 정치적 프로그램에 대한 경쟁을 허약하게 만드는 취약성을 지니게 되는 여러 문제들에 대해 논의할 여백이 없는 것은 아쉽다.

그러나 저자의 책이 일정한 약점을 갖는다는 것은 중요하지 않다. 저자가 촛불 시위 이후 한국 사회에서 대의제 민주주의와 직접민주주의라는 두 방향으로의 뚜렷한 분화를 아우르고, 조화시키려 시도했다는 것 자체가 중요하고도 큰 문제를 제기하고 있다는 사실 때문이다.

2018년 12월

최장집(고려대 정치외교학과 명예교수)

왜 새로운 민주주의인가?

'민주주의' 같은 복합적이고 추상적인 개념으로 시작하는 논의는 우리의 초점을 흩뜨리기 쉽다. 보통은 논의가 개념을 일방적으로 규정하는 데서 끝나기 십상이다. 추상적인 개념을 한마디로 규정해버리고 나면 구체적인 논의를 한 방향으로 몰아가기 쉽기 때문이다. 또한 민주주의 같은 개념들은 사람에 따라서는 크게 다른 해석이 나올 수도 있다. 그래서 '민주주의'를 내세우는 주장들은 과연 같은 개념의 뿌리에서 나온 것인지 의문이 들 정도로 다른 결론이 도출되기도 한다. 그러므로 우리는 개념으로부터 시작해서는 안 될 것이다. 오히려 제도의 '역할'로부터 시작해야 한다. 그럴 때 우리에게 긴요한 질문은 다음과 같은 것이다.

우리가 해결하려는 고통은 무엇이며, 우리가 타당하게 바라는 번영은 무엇인가? 그리고 그것은 어떤 제도를 통해 제대로 포착되는가?

우리가 그 고통을 해결하고 번영을 추구하려면 정치적 의사 결정 제도
는 어떻게 바뀌어야 하는가?

요즘은 이 사회가 처한 상황을 극도로 비관하여 말하는 것이 일종의
유행처럼 되어버렸다. 어떻게 해도 빠져나올 수 없는, 지옥과 같은 처
지라는 것이다. 이러한 유행은 동전의 양면과 같은 모습을 보여준다.
한 면은, 지금의 대의민주주의로는 이 사회가 처한 상황을 헤쳐나가는
것이 대단히 힘들다는 것을, 다른 한 면은, 새로운 정치적 의사 결정 제
도를 말하지 않는 정치 운동으로는 정치적 무기력증을 이겨내기 어렵
다는 것을 보여준다.

정치가 다뤄야 하는 진정 중요한 문제들을 다루기 위해서는 변화가
필요하다. 그러나 그 변화의 바람은 구태의연한 정치적 메커니즘에 막
혀 있다. 따라서 그러한 메커니즘 자체를 혁신하려는 의제議題가 함께
해야, 변화는 지리멸렬한 현실을 돌파할 수 있다.

나는 이 책에서 앞에서 던진 질문들에 답하고자 한다. 즉 해결해야
하는 고통과 추구할 번영이 무엇인지 파악하고, 그것을 효과적으로 실
행할 수 있는 정치적 의사 결정 제도는 무엇이며, 그 정당화의 원천은
무엇인지 논증하고자 한다. 물론 이 책의 논의는 잠정적인 제안에 불과
하다. 그러나 이 제안을 단초로 이 사회에서 이러한 제도 자체에 대한
고민이 진지한 의제로 부상하기를 희망한다.

1장

국회에는
왜
바보들이
득실거릴까?

정치 혐오를 넘어

민주적 의사소통의 형성

정치 혐오를 넘어

국민 스포츠란 무엇인가? 절대 다수의 국민이 몸소 즐기는 스포츠다. 그런 점에서 피겨스케이팅은 국민 스포츠가 아니다. 체조도 마찬가지고, 골프도 그렇다. 이런 분야에서 극소수의 사람들이 두각을 나타낸다 해도, 대부분의 사람들은 구경만 할 뿐이다.

사람들이 때때로 직접 참여하고, 반복해서 익히고, 또 즐기기도 하며, 다른 사람들의 플레이에 박수도 아끼지 않는다면, 비로소 '국민 스포츠'라는 영광의 타이틀을 붙여도 손색이 없을 것이다. 물론 어떤 종목이 그 영예를 안을지에 대해서는 논란의 여지가 있다. 팬심에 따라 다른 선택을 할 가능성이 크기 때문이다. 그런데 스포츠도 아니면서 이런 국민 스포츠적인 성격을 가지고 있고, 그런 성격 때문에 국민 스포츠라고 불려도 논란의 여지가 거의 없는 분야가 있다. 바로 '정치인 욕하기'다.

정치인은 선출직 공무원이 되려는 사람이다. 실제로 선출되면 국회의원 같은 공직을 맡는다. 그러니 이런 정치인을 욕한다는 것은, 특히 공직에 있는 정치인이 제 할 일을 하지 않고 있는 걸 신랄하게 지적하는 것이다.

얼핏 이것은 아무런 문제도 없어 보인다. 정치인이 제대로 일하지 않는 것은 너무도 명백하고 객관적인 사실이니 절대 다수의 국민이 제 입으로도 욕하고, 다른 사람의 욕에도 박수를 보내는 것 아니겠는가! 하지만 여기서 잠시, 이것이 보여주는 바가 무엇인지 생각해볼 필요가 있다.

국회의원의 경우를 생각해보자. 국회의원은 어떻게 선출되는가? 정치인들을 욕하고, 그에 대해 박수치는 사람들이 뽑는다. 예를 들어, 현재 국회의원들이 제대로 일하지 않는 사람들로 구성되어 있다고 해보자. 제대로 일할 수 있는 사람들에 비해 이들의 능력이나 성품은 열등하다. 그렇다면 그들을 욕하고 박수치는 사람들이 몸소 선거에 나서면 되지 않는가. 그러면 당선될 거고, 모든 정치는 곧바로 훌륭한 정치로 바뀔 것이다. 그런데 왜 사람들은 몸소 선거에 나서지 않는가. 더러운 정치가들과 달리 깨끗한 사람인 자신이 나서면, 일심동체가 되어 같이 욕하면서 서로의 마음을 확인했던 유권자들이 당연히 뽑아줄 것이고, 국회에서 길이길이 빛날 업적을 쌓아 재선 가도를 달리면 서로 좋은 일 아닌가.

기탁금과 선거비용이 약간의 문제가 될 수도 있겠지만 당선되면 돌려받고 보전받을 수 있으니 큰 문제는 아니다.* 국민 스포츠에 참여하는 사람들이 원하는 그대로를 공약하고 실천한다면, 모든 국민들의 여망을 따른 것이므로 당선은 떼어놓은 당상일 것이기 때문이다. 설사 지금의 기탁금 제도와 선거제도 때문에 제대로 일하지 않는 정치인이 당선될 수밖에 없다고 해도, 그 제도의 문제 해결을 급선무로 지적하는 사람이야말로 우선적으로 선출될 것이고, 그렇게 선출된 사람들이 제도를 바꾸면, 그다음부터는 제대로 일할 사람들이 전혀 어려움 없이 선출될 수 있다. 따라서 두 단계가 필요하지만, 어쨌든 두 번의 선거만으로도 더 이상 정치인들을 욕하지 않아도 되는, 일 잘하는 사람들이 정치를 하는 세상이 될 것이다.

그러나 그런 일은 벌어진 적이 없다.

정치 혐오라는 국민 스포츠에 참가해 일심동체로 정치인을 욕하는 사람들도 알고 있다. 정치인을 욕하며 한마음 한뜻으로 뭉친 것처럼 보여도 사실 그것은 신기루에 불과할 뿐이라는 것을. 그것이 신기루에 불과한 이유는 다음과 같은 이유에서다.

첫째, 자신이 국회의원이 되어 펼칠 정책에 대해 명료하고 분명하게 말할 경우, 그 정책 계획에 대한 전적인 찬동은 더 이상 없을 것이다. 이익 갈등 상황이라는 정치의 전제 조건 때문이다. 국회의원 전체를 욕하는 데 자주 참가하는 사람들은 사인私人으로서, 주로 자신에게 직접

---

* 선거별 기탁금 액수는 대통령 선거 3억 원, 시도지사 선거 5,000만 원, 국회의원 선거 1,500만 원 등이다. 당선은 물론이고, 유효 투표 총수의 100분의 15 이상만 득표해도 전액 돌려받는다. 선거비용 역시 기탁금과 마찬가지로 당선은 물론이고 유효 투표 총수의 100분의 15 이상만 득표하면 전액 보전받는다.

적이고 구체적인 이익이 되는 것만을 기준으로 생각한다. 자신의 구체적인 이익을 원하는 만큼 충족시켜주지 않기 때문에 욕하는 데 쉽게 빠져드는 것이다. 그러나 사회에는 나의 이익과 갈등 관계에 있는 사람들도 있다. 그러니 자신의 이익과 갈등하는 이익을 원하는 사람들을 아예 무시하는 것 이외의 해결책은 거의 생각하지 못한다. 그러한 이익 갈등 상황을 상정조차 하지 않는다. 어렴풋이 갈등을 조정해야 할 필요성이 있다고 인식해도, 그것은 결코 자신이 고민해야 할 문제가 아니다. 평소 이런 식으로 생각하던 사람이 자신이 원하는 정책을 명료하게 말했을 때, 그 정책 제안에 별 동의가 없는 것은 놀랄 일이 아니다.

둘째, 같이 욕하던 사람들 가운데 누가 나와도 믿을 수가 없다. 막상 같이 욕하던 사람이 선출직 공무원이 되었을 때 과연 깨끗하고, 투명하고, '제대로 된' 선정을 펼칠지 알 수 없다. 그러므로 나와도 뽑지 않는다. 자신이 나와도 뽑히지 않으리라는 것을 안다. 즉 자신이 타인에게 믿음을 줄 수 없다는 것을 안다. 따라서 처음부터 서로 믿을 수 없는 사람들과 함께 경기에 참가하고 있었던 것이다. 실제로 투표에 임하면 그나마 믿을 수 있는 사람이라고 생각하는 후보에게 표를 줄 것이다. 결국 지금 우리가 대면하는 국회의원들이 대한민국의 유권자들이 선택할 수 있는 최선이라는 것이다.

그렇다면, 정치인 욕하기가 국민 스포츠라는 현실은 결국 하나의 궁극적인 사실을 보여준다. 즉 이 사회의 유권자 전반이 공민성公民性을 충분히 발휘할 수 있는 통로가 지금의 대의제도에는 갖춰져 있지 않다는 것이다. 공민성이란 국민의 권리 보장을 비롯한 공공의 이익을 위해 정당한 정책이 수립되고 집행되도록 관심을 기울이는 태도와 능력을 말한다. 이러한 공민성을 발휘할 통로가 없는 상태에서는, 어떻게 물갈 이를 해도 공직자는 공민성의 견제를 제대로 받지 않는다. 욕하던 사람 이 당선되어도 결과는 마찬가지일 수밖에 없다. 그러니 시민들이 공민 성을 발휘하고, 그러한 공민성을 배경으로 정치인이 일하게끔 하는 명 백한 해결책을 내놓지 못한다면 진정한 비판이라고 할 수 없다.

의회가 비효율적이라고 얘기한다. 그렇다면 우리는 의회가 왜 비효율적 인지 물어봐야 한다. 효율성이란 어떤 도구가 갖고 있는 목적을 달성하 기 위한 능력이다. 의회의 경우는 각 국가의 공공 문제를 해결하는 것이 그 목적이다. 따라서 의회의 비효율성을 운운하는 자는 무엇이 현재의 공공 문제에 대한 해결책인지 명백한 개념을 갖고 있어야 한다. 만일 그 렇지 않다면, 만일 어떤 나라에서든 해야 할 일이 무엇인지를 이론상으 로라도 명백히 설정해두지 않는다면 제도적인 도구의 비효율성에 대해 비난하는 것은 무의미하다. (……) 이는 너무도 명백한 사실이어서 이를 망각한다는 것은 어리석음을 드러내는 것이라고 볼 수 있다.[1]

그렇다면 정치인들의 무능함과 부당함에 대한 대처가 단지 국민 스 포츠에 참가해 한마디 말을 보태는 것일 수는 없다. 아무리 말을 보태 도 나아지는 건 아무것도 없기 때문이다. 오히려 그것은 다음과 같은 이유로 현상 유지에 기여한다.

첫째, 정치인 일반을 욕하기 때문에 공민성이 부재한 정치 상태를 바꾸려는 정치인 역시 싸잡아 매도된다. 그 때문에 기존 상태를 변화 시키는 정치가 기존 상태를 유지하는 정치와 전혀 구별되지 않고 묻혀

버린다.

둘째, 지금의 제도하에서도 특출한 사람이 나올 수 있는 것처럼 정치인의 인적 속성만 비판하기 때문에 공민성을 발휘할 제도적인 통로가 없다는 문제는 직접 다루지 않는다. 즉 제도에 대한 사고, 시스템적 사고를 하지 않는다.

그렇다면 진정한 대처는 제도에 의해 시민의 공민성이 발휘되고 고양될 수 있도록 하는 것이다. 그러한 제도는 다음의 세 가지 기능을 가능하게 해야 한다.

첫째, 정보가 부족하고 무지한 상태에서 견해를 묻는 여론조사가 아니라, 토론을 통해 그 내용을 충분히 심의한 시민의 견해가 힘을 가져야 한다.

둘째, 시민들은 적절한 공적 추론과 그것을 뒷받침하는 자료에 접근할 수 있는 폭넓은 기회를 가져야 한다.

셋째, 선출직 공무원들의 결정과 그것을 도출하는 토론 과정은 더 투명하게 공개되고, 그 전반을 시민이 충분히 심의한 견해와 견주어 평가할 기회가 있어야 한다.

이 점을 인식한다면 대한민국의 민주주의를 발전시키기 위해 당장 필요한 것은 누가 더 비즈니스 마인드가 있는가, 누가 더 사람이 좋아 보이는가, 누가 반권위주의적 성향인가를 가려 그 사람을 또 다른 제왕으로 뽑는 것이 아니라는 사실을 알게 된다. 이미 뽑았던 사람이 열망을 충족시켜주지 못했으므로 다른 사람을 뽑으면 문제가 해결될 것이라고 하거나, 이미 뽑았던 사람만 한 사람이 없으므로 비슷한 사람을 뽑는 것이 차라리 낫다는 태도로는 우리 사회의 고통과 번영을 제대로 다룰 수 없다.

고통과 번영을 제대로 다루기 위한 선결 조건은 바로 위에서 제시한 세 가지 기능을 할 수 있도록 제도를 개혁하는 것이다. 그러한 개혁을 제안하는 사람을 선출하고, 그 개혁에 반대하는 사람은 탈락시켜야 한다. 그러므로 '정치인은 모두 쓰레기'라고 외칠 뿐인 국민 스포츠는 다음과 같이 변해야 한다.

'지금 제도로 우리가 선택할 수 있는 최선이 지금의 정치가들이다. 정치가 공민성에 기반하도록 강제하는 제도가 없기 때문이다. 즉 시민 각자가 공민성을 발휘할 수 있는 통로가 제대로 갖춰져 있지 않다. 이는 매우 불만족스럽다. 더 나은 공민성을 발휘하고, 더 책임감 있는 정치를 실현하기 위해서는 새로운 민주주의 제도를 도입해야 한다. 그런 제도에 대한 모색과 도입 시도에 반대하는 것은 현 상태를 유지하려는 것이다. 반대로 그것을 모색하고 도입하려는 시도는 지금 우리가 당면한 문제를 에두르지 않고 전면적으로 다루는 것이다. 따라서 그 제도의 도입 자체가 지금 우리 사회의 중요한 의제가 되어야 한다.'

민주적 의사소통의 형성

당신이 21세기를 살고 있는 일본인이라고 해보자. 후쿠시마 원전 재난 이후 시대를 살고 있는. 또 당신은 특별한 노력과 시간을 기울여 재난의 원인과 그 결과, 그것을 예방하기 위한 조치에 대해 개인적으로 많은 공부를 했다. 그래서 그 과학적 논리와 규범적 기준에 대해 상당한 지식을 갖고 있다. 그로부터 핵심은 미리 재난 기준을 여유 있게 높이고, 재난을 적절히 방지할 기술적, 제도적 조치를 취하는 일임을 알게 되었다. 그런데 어느 날 잠에서 깨어난 당신은 원전 재난이 일어나기 3년 전으로 타임슬립해왔음을 깨닫는다. 과거의 자신으로 돌아온 것이다.

상황은 똑같다. 정부는 원전의 안정성을 강조하고, 일반 시민들은 의심도 하지 않고, 안정성이 실제로 갖춰졌는지 시민들이 검사해볼 방도도 없다. 이런 경우 현명한 시민인 당신은 일본 사회에서 원전 재난을 예방할 수 있는 정치적 결과를 가져올 수 있을까? 다만 여기서 당신은 예언자 행세를 해서는 안 된다. 즉 몇 월 며칠 몇 시에 어디서 재난이 일어난다는 구체적인 정보를 이야기해서는 안 되는 것이다. 그런 이야기를 하는 순간 당신의 몸은 가루가 되어 사라진다. 이러한 제약 아래서 당신은 당신이 공부했던 모든 논리와 지식을 동원하여 당신의 입장을 개진해야 한다.

지금의 정치, 제도하에서 종국적으로 당신의 의견이 이 재난을 방지하기 위한 조치에 이를 가능성은 얼마나 될까. 우리는 이 질문에, 당신이 아주 많은 노력을 기울인다 해도, 당신이 정상적인 삶이 불가능할 정도로 노력을 기울인다 해도, 그 가능성은 아주 낮다고밖에 답할 수 없다. 타당한 사실적·규범적 논증을 따라가다보면, 당시의 재난 방비는 불투명하고 부족하다는 점을 알 수 있다. 그러나 당신에게는 정치가 그러한 논증을 따라가게 만들 통로가 없다.

당신의 이야기는 제도적인 권력에 의해 통제되는 의사 결정 통로를 거치기 위한 장애물을 넘는 데 엄청난 시간을 소비할 것이고, 그러한 허들을 얼마 넘지 못해 당신의 기력은 소진될 것이다. 대중이나 공식적인 제도적 권한을 가진 엘리트들은 그 중요한 문제에 대해 별로 시간을 들여 심사숙고하지 않을 것이며, 당신이 타임슬립하기 이전과 마찬가지로 재난은 일어날 것이다. 구성원들에게 매우 중대하고 시급한 화두임에도 현실 정치의 의제로 제대로 설정되지도, 다뤄지지도 않는 것이다.

구성원 모두에게 중요한 문제이며 치열한 논쟁거리가 되어야 할 제안들이 어째서 이토록 무시당하는 것일까. 그에 반해 구성원들의 공익에 반하는 정책들은 왜 때때로 별 반대 없이 통과되고 시행되는 것일까.

이 문제를 여러 측면에서 조망할 수 있겠지만 이 책을 관통하는 문제의식은 '의사소통의 흐름', 즉 커뮤니케이션 흐름에 초점을 두고 있다. 민주주의의 목적이 우리의 삶을 둘러싼 중대한 체계들을 합리적이고 합당하게 규율하는 것이기 때문이다. 그리고 그것이 바로 우리가 고통과 번영을 의제로 삼고 다룬다는 말의 의미다.

우리 삶을 둘러싼 중대한 체계에는 특히 화폐를 사용해 이루어지는 거래와, 권력을 사용해 시행되는 행정이 있다. 하버마스에 따르면, 경제 체계와 행정 체계에서 벌어지는 일들이 구성원들 사이에 타당한 근거를 교환하여 도출된 결론을 통해 통제될 때, 민주적인 "의사소통적 권력 형성의 수문"을 거친 것이라고 할 수 있다.[2]

민주적인 의사소통적 권력 형성의 수문을 거치지 않고 마음대로 뻗어나가게 내버려두는 정치체제는, 구성원들에게 간절하고 중요한 의제를 제대로 된 방식으로 다루지 않는다. 돈이 많거나 권력이 있는 이들, 또는 잘못 설정된 의제에 잘못된 관심을 기울이는 이들에 의해 좌우된다. 그리고 그 결과는 고통의 증가와 번영의 감소다.

의사소통의 흐름을 통해 조망한다는 것은, 우리가 의사소통을 통해 당면한 문제를 해결할 수 있는 지식을 발견할 수 있다는 것을 전제로 한다. 지식의 수준과 형태에는 두 가지가 있다. 하나는 매우 전문적이어서 소수만 알고 있는 언어로 연구되고 소통되는 지식이다. 다른 하나는, 전자의 지식이 다수가 이해할 수 있는 형태로 풀어져서 의제로 삼고 다루려는 참여 동기를 불러일으키고, 일상적으로 근거들을 교환하고 토론할 수 있도록 변환된 지식이다.

예를 들어, 현대사회에서 쓰레기가 어떤 문제를 일으키며, 그 쓰레기를 어떻게 최대한 적게 배출하고 최대한 분리수거해 재활용할 것인가와 관련된 지식은 일차적으로 전문 지식이다. 그런데 지식의 처음 형태가 그렇다고 해서 이 문제를 관련 전문가나 행정가에게만 맡겨두면, 행정은 의사소통적 권력 형성의 수문을 전혀 거치지 않게 된다. 그러면 사람들이 실제로 겪는 고통이 제대로 고려되지 않을 수도 있고, 규범적으로 합의할 수 없는 정책이 강제로 관철될 수도 있으며, 정책의 투명성이나 책임성이 사라질 수도 있다. 하지만 이 문제를 그 분야의 전문가가 아닌 사람들도 이해할 수 있는 핵심적 구조와 쟁점으로 정리해 논의하면, 쓰레기 배출량에 상관없이 행정 비용을 똑같이 부담했던 게 문제의 근원이었음을 알게 된다. 쓰레기 배출 단계에서 분리수거가 필요하다는 점도.

이렇게 변화된 지식을 바탕으로 여러 대안들을 비교하다보면 쓰레기종량제를 실시하고, 분리수거를 하는 안에 대해 합의가 이루어질 수 있다. 이러한 안에 합의하는 사람들은 세세한 전문 지식을 갖추지는 못했지만 중요한 사항에 대해서는 이미 필요한 만큼 지식을 갖추고 있다.

이렇듯 전문 지식이 일반 시민들도 접근할 수 있는 형태로 변환되어 논의되는 장이 제도적으로 보다 잘 보장될수록, 문제 해결에 필요한 사실에 대한 지식과 규범에 대한 지식이 모두 온전히 고려되면서, 사람들은 체계 결정에 동등한 목소리를 낼 수 있게 된다. 체계의 작동이 '의사소통적 권력 형성의 수문'을 제대로 거치는 것이다.

사회적 의사 결정에서 활용되는 지식이 이렇게 분화되는 것은 당연하다. 지식의 창조와 발견에 유리한 환경은 서로 다를 수밖에 없고, 지식 노동은 소질을 필요로 하며, 그 분야의 지식을 다루는 것을 업으로 하는 사람들이 주로 능숙하고 깊이 있게 다룰 수 있기 때문이다. 모든 사람들이 쓰레기 처리 연구비를 지급받는 것도 아니고, 통계학이나 생태학을 전문적으로 연구하는 것도 아니며, 그 행정 업무를 담당하는 것도 아니다. 그러나 핵심이 명확한 의제를 받고 대안들을 비교하면 무엇이 문제이고, 무엇을 하면 되고, 어떤 것이 좋은 해결책인지 논의할 능력은 있다.

만약 지식의 활용이 투명하고 중립적으로 이루어진다면, 모든 문제를 각각의 전문가에게 맡기는 분업 체제가 가능할 것이다. 그러나 지식 활용의 세계는 그렇게 투명하거나 중립적이지 않다.

먼저, 지식의 활용에는 동기가 개입된다. 사람들은 이해관계가 다른 사람들이 없거나 딱히 이의를 제기하지 않는 환경에서는 자신들만의 특수 이익을 부당하게 추구하려는 동기를 갖기 쉽다. 실제로 이런 동기에 기반한 행위가 제어되지 않을 때, 그 결과는 의사 결정의 퇴락으로 나타난다. 이를테면 한 이익집단이 로비를 해서 그 집단에만 이익이 되는 정책이 통과되었을 때, 국민이 부담하는 비용이 1인당 1,000원 정도만 되어도 그 이익집단에게는 몇백 억 원에 달하는 막대한 이익이 생긴다. 이익집단에게는 강력한 동기가 부여되고, 국민에게는 별다른 동기가 부여되지 않는 상황이 발생하는 것이다. 한 달에도 아주 많은 정책이 통과되고 집행되기 때문에 이익집단에 속하지 않은 일반인에게는 이를 일일이 감시할 동기도 생기지 않는다. 동기가 없는 상태에서 지식은 죽은 지식이다. 그것은 활용되지 않는다.

지식의 활용에는 권력도 개입한다. 권력은 여러 방식으로 작동할 수 있다. 그중 하나는 지식을 활용하는 사람들에게 직접 유리하거나 불리한 조건을 제시해 지식 자체를 왜곡하는 것이다. 또 다른 방식은 대중매체를 활용하여, 서로 경쟁하는 전문 지식 가운데 자신들에게 필요한 일부만을 대중화하는 것이다. 아예 근거도 없이 지식을 왜곡하여 매체를 통해 퍼부음으로써 대중이 잘못된 지식을 자주 접하도록 하는 방법도 사용된다. 마지막으로, 의제 자체를 자신들이 노출시키고 싶은 것만 설정하는 경우도 있다.

공적 기관의 제도적 권력만이 권력은 아니다. 자본가계급이나 강력한 조직력을 가진 직능 이익집단도 국가기구를 포획할 수 있다. 그들은 자신들의 구성원으로 국가기구의 구성원을 채우고, 국가 공무원이 퇴직하면 그들을 다시 구성원으로 받아들인다. 국가기구가 그들의 협조를 구해야 하는 점을 이용할 수도 있다. 정당들은 자본가들의 정치헌금이 없으면 생존할 수 없다. 이런 식으로 각 이익집단은 자신들에게 유리하도록 지식의 투명하고 공정한 활용을 왜곡하기 쉽다.

결국 누구나 필요한 지식을 특별한 노력 없이 얻을 수는 없고, 항상 변환을 필요로 하는 현실 사회에서 대의민주주의 체제는 심각하고 고질적인 문제를 안을 수밖에 없다. 즉 커뮤니케이션 흐름이 민주주의 작동에 충분한 조건이 되지 못해 체계적인 문제가 반복해서 발생한다. 지식은 사장되고, 왜곡되고, 변형되어 지식과 전혀 상관없이 의사 결정이 내려진다.

그러므로 의사소통의 흐름이 막힌 데 없이 공정하게 전문적인 지식이 대중적 지식으로 전화轉化되는 것이, 고통과 번영을 제대로 다루기 위한 전제 조건이 된다. 그런 상태가 실현되면, 타임슬립한 일본인은 탄탄한 근거에 기반한 자신의 주장이 진지하게 받아들여지고 논의되는 모습을 볼 수 있을 것이다. 또한 그런 상태가 실현되면, 4대강 유역을 불필요하게 파내고 인공물을 발라 환경을 파괴하는 사업은 정책 입안 단계에서 저지될 것이고, 사업 타당성 조사도 제대로 하지 않고 해외 자원 사업을 벌이는 일도 시행 단계에서 적절히 제어될 것이다. 더나아가 안정된 고용, 만족스러운 거주, 충분한 여가 같은 삶의 기본적 필요가 제대로 충족되지 못하는 사태를 실질적으로 개선할 수 있는 정책도 논의되고 시행될 수 있을 것이다.

그러나 지금의 대의제도하에서 우리 사회의 각 부분은 서로 커뮤니케이션이 분절되어 있다. 타당한 해결책을 찾아내도 그것을 실현하거나 대중에게 알릴 통로를 찾기가 쉽지 않다. 이렇게 커뮤니케이션이 분절되고, 막히고, 불공정하게 왜곡됨에 따라 중요한 결정들이 아무런 의사소통적 권력 형성의 수문도 거치지 않고 행정 권력과 경제 권력이 주도하는 논리에 따라 이루어진다. 이로 인해 사람들은 자신을 둘러싼 환경이 마치 거대한 사물처럼 느껴져, 의사소통으로는 변화시킬 수 없다는 인상을 받는다. 그러면 의사소통을 포기하고, 자신의 전문 분야가 아닌 지식에 대해서는 관심을 기울이지도, 근거를 알아보려고도 하지 않는다. 설사 더 나은 근거를 통해 어떤 확신을 갖게 돼도 타인을 설득하려고 하지 않는다. 이로 인해 법과 정책이 이성적 토론과는 상관없이 결정된다는 생각은 더욱 강해진다. 이것이 바로 오늘날 정치적 효능감을 상실한 대한민국 사회 구성원들이 느끼는 절망과 좌절의 본질이다.

이러한 진단은 형식적으로 대표자 지위에 있는 정치인의 인적 속성을 욕하는 것으로는 문제가 전혀 해결되지 않는다는 것을 분명하게 보여준다. 현대사회는 매우 복잡하다. 그 복잡한 사회가 부과하는 부담을 권력이 일방적이고 자의적으로 부과하는 부담으로 느끼지 않기 위해서는 의사소통을 통해 사회의 규율 체계를 공정하게 논의할 수 있어야 한다. 지금의 커뮤니케이션 흐름의 구조를 그대로 놓아두고 일을 하려고 한다면, 이 사회에서 가장 선한 사람들만 모아 정부를 구성하려고 해도 사정이 녹록지 않을 것이다.

우선 선한 사람이 누군지 제대로 알아볼 수 있는 커뮤니케이션 흐름이 막혀 있다. 그 때문에 한목소리로 이전 사람들을 악인이라고 비난하던 사람들끼리조차도 서로를 신뢰하지 못한다. 이렇게 저렇게 물갈이를 해서 공직에 오른 사람들 역시 그 개개인이 처음부터 '효과적이고 공정한 해결책을 알고 있는 사람들'이 될 수는 없다. 그러한 해결책은 정보와 지식이 제대로 활용됨으로써 찾아지는 것이지 사람들의 붙박이 속성은 아니기 때문이다.

분야별로 가장 능력 있는 사람들로 정부를 구성해도 사정은 별반 달라지지 않는다. 각 분야별 결정은 고립되어 이루어질 수 없다. 경제성장에 가장 좋은 정책이 환경에는 나쁜 정책일 수 있다. 결국 분야를 넘어선 토론과 조정이 필요하다. 그리고 어떤 정책도 결국 국민의 동의를 받지 못하면 오래 지속될 수 없다. 결국 어떻게 공직을 채워도 커뮤니케이션은 꼭 필요하다. 그런데 커뮤니케이션 흐름이 막혀 있으니 그들은 각 분야의 전문 지식은 갖고 있을지언정 전체에 대한 지식은 가질 수 없다. 문제는 현대사회의 모든 정책은 한 분야의 지식에 국한되는 경우가 거의 없다는 것이다.

우리는 정치에 관한 이러한 사정을 일종의 체념으로 받아들인다. 경험적으로 합리적이거나 규범적으로 합당한 제안이 적절한 토론을 통해 공적인 의사 결정으로 관철되는 데 지금의 민주주의 구조는 매우 부적절하다는 것은 안다. 하지만 잘못되었다는 것을 알면서도 왜 잘못되었는지 제대로 파악하지 못하기 때문에 안일한 타협에 빠지는 것이다.

인류는 커뮤니케이션 흐름의 틀에서 이 문제를 조명하지 않고 인적 속성의 문제로 접근한 탓에 바람직한 정치적 의사 결정 체제에 대해 두 가지 주된 이념 사이에서 끊임없이 진동해왔다. 하나는 엘리트주의고, 다른 하나는 대중 여론에 의한 민주주의의 이상이다.

엘리트주의는 소수의 능력 있는 사람들에게 배타적으로 또는 거의 대부분의 의사 결정 권한을 주자는 이념이다. 그에 반해 대중민주주의는 대중의 여론에 배타적으로 또는 거의 대부분의 의사 결정 권한을 주자는 이념이다. 두 이념은 나름의 호소력이 있고, 상대의 주장을 효과적으로 논박할 수 있는 논거들이 있다.

엘리트주의자에게 대중민주주의자는 묻는다. 당신들이 추천하는 제도하에서는 엘리트들이 대중에게 불리하고 불합리한 결정들을 마음대로 내린다. 엘리트들이 진정으로 책임을 지고 적절한 의사 결정을 내리게 하는 장치는 매우 부족하다. 반면 엘리트주의자는 대중민주주의자에게 이렇게 묻는다. 당신들이 그렇게 믿는 대중은 먹고사는 데 바빠 정치에서 다룰 의제들을 진지하게 고민할 수도, 전문성을 가질 수도 없으며, 피상적인 견해들은 비일관된 결과들에 이르기 일쑤다. 대중에게 정치 문제를 의뢰해봤자 명백하게 불합리한 결과만 낳을 뿐이다. 심지어는 파국에 이를 수도 있다.

그리하여 현대 대의민주주의는 어중간한 타협을 꾀한다. 즉 공식적인 제도적 권한은 대중의 선거를 통해 대표자로 선출된 공직자들이 갖고, 대중은 공직자에게 제도적 결정 권한을 위임한다. 대신 대중은 선출하거나 선출하지 않음으로써 간접적으로 결정권을 행사한다.

이런 대의민주주의의 기본 틀에 깔린 생각은 대중은 의제를 직접 다룰 능력은 없지만 누가 적합한 엘리트인지 알아볼 능력은 있으며, 그들의 역할은 그것으로 족하다는 것이다. 물론 선거 시기에만 대중의 의견이 중요한 것은 아니기 때문에 여론조사를 통해 때때로 대중의 의견을 알아본다. 그런데 여론조사를 통한 대중의 의견은 공식적·제도적 지위를 얻지 못한다. 엘리트주의자들은 여론조사를 지렛대로 삼아 자신들의 정책을 옹호할 수도, 여론조사에 맞서 포퓰리즘이라고 비난함과 동시에 선정과 왜곡, 세뇌의 결과라고 치부하며 자신들의 견해를 관철시킬 수도 있다. 하지만 우리는 엘리트와 대중의 견해 가운데 어떤 것이 더 적절한지 파악할 수 있는 제도적 절차를 가지고 있지 않다.

그리하여 현대 정치는 피상적으로 형성된 대중의 의견과 엘리트가 밀고 나가고자 하는 정책 사이에서 불안정하게 오가며, 서로 상호작용하는 주체도 목적도 없는 여정이 되어버렸다. 그 결과, 우리는 공민성을 발휘해서 정말로 중요한 문제들을 의제에 올리고, 그것을 타당하게 다룰 수 있는 통로를 잃어버렸다.

하지만 나는 이 문제를 개선할 답이 있다고 생각한다. 유토피아적 인간관을 전제로 한 새로운 민주주의 제도를 이야기하는 것이 아니다. 모든 사람이 완전하게 현명하고 완전하게 이타적인 사회에서나 작동할 제도를 이야기하는 것은 더더욱 아니다.

현실의 대중과 엘리트의 모습, 그리고 인간의 지식과 정보, 시간, 정력의 한계를 두루 고려해야 현실적이 될 수 있다. 이러한 대안은 인적 속성의 정치라는 문제 설정에서 벗어나 의제를 중심으로 하는 커뮤니케이션으로서의 정치라는 문제를 설정한다.

그리하여 우리가 다루어야 하는 민주주의에 대한 질문은 다음과 같다. '어떻게 하면 정확하고 공정하게 문제를 진단하고, 효과적이고 정의로운 해결책을 도출해낼 수 있는 커뮤니케이션 흐름을 제도화할 수 있는가?'

이것이 바로 대안 민주주의 제도, 즉 심의민주주의의 구체적인 형태를 탐구하려는 노력에 전제되는 화두다. 따라서 이 화두를 궁구하는 일은 어떠한 것이 민주주의의 이상에 부합하느냐는 규범적인 검토까지 포함한다. 단순히 효율적인 제도 설계의 기술적 검토에 그치는 작업이 아닌 것이다.

만일 '대중이 현재 추구하는 목표라면 무조건 만족시켜줘야 한다'는 것이 민주주의의 이상이라면, 우리가 기술적인 문제를 검토하기 전에 이미 대중직접민주주의야말로 가장 바람직한 정치제도라는 결론이 날 것이다. 다른 한편으로, 공동체 전체의 번영을 미리 구체적으로 무엇이라고 고정해놓고, 그것을 가장 잘 달성하는 것이야말로 민주주의의 목표라고 이해한다면, 엘리트주의로 기울어질 가능성이 크다. 그런데 이런 견해가 주장하는 체제에서는 대중이 가진 목표나 엘리트가 가진 이상이 올바른지 검토할 통로가 없다. 그 통로가 있어야 민주주의 제도는 규범적 이상으로 자리매김할 수 있다. 따라서 이 책에서는 앞서 살펴보았던 타임슬립 사례에서 일본인이 원전 재난을 보다 효과적으로 막을 수 있는, 현실적으로 작동 가능한 제도가 있는지 살펴보는 한편, 그 제도가 민주주의의 규범적 이상이라는 측면에서 어중간한 타협을 이루고 있는 현재의 대의민주주의 제도보다 우월한지를 살펴볼 것이다.

이러한 검토를 위해서는 민주주의의 최소 개념과 최대 규제적 이상*에 관해 먼저 살펴볼 필요가 있다.

---

* 규제적 이상regulative ideal은 의사소통 행위 이론의 개념으로, 이상적인 대화 상황의 요건을 만족시키는 상태에서 이루어지는 합의를 의미한다. 규제적 이상은 현실에서는 달성될 수 없지만 그 이상에 가까워지는가 멀어지는가, 그 이상이 요구하는 중요한 요건을 크게 훼손하는가 아니면 그 요건을 더 잘 충족시켜주는가에 따라 현실 제도를 규제할 수 있는 기준이 된다. 민주주의의 규제적 이상은 이상적인 대화 상황에서 합의될, 민주주의의 최선의 제도적 틀을 표현한다.

2장

민주주의란
무엇인가?

민주주의의 최소 개념

규제적 이상으로서의 민주주의

민주주의의 최소 개념

이 책에서 이야기하려는 것은 '민주주의의 중대한 제안'이다. 즉 우리 사회 구성원들의 고통과 번영의 문제를 제대로 다루기 위해 민주주의라는 이념이 우리에게 제시할 수 있는 바가 무엇인가를 다루는 것이다. 이러한 논의를 위해서는 먼저 '민주주의'라는 말의 최소 의미와, 민주주의가 이상적 목표로 하는 바를 알아보아야 한다. 먼저 민주주의의 최소 개념에 대해 살펴보자.

'민주적이다', '비민주적이다'처럼 사람들은 '민주주의'에 대한 언급을 많이 한다. 그러나 그 용어에 대해 자신만의 정확한 준거와 정의를 가진 사람은 그다지 많은 것 같지 않다. 자신에게 유리하면 '민주적', 불리하면 '비민주적'이다. 정치체제를 지칭하는 용어로서 '민주주의'는 어떤가? 북한의 정식 명칭은 '조선민주주의인민공화국'이다. 유신 독재 시절 교과서에는 '한국적 민주주의'에 대한 설명이 장황하게 실려 있었다. 그렇다면 민주주의란 무엇일까?

손쉬운 방법은 민주주의를 반대말로 정의하는 것이다. 꽤 많은 사람들이 이런 식으로 민주주의를 정의한다. 그런 사람들이 드는 반대쪽의 정치체제가 '공산주의', '전체주의'다. 그러나 이것은 용어를 풀어서 정의했다고 보기 힘들다. 동물을 정의하라는데 '식물의 반대말', 대통령 중심제를 정의하라는데 '내각책임제의 반대말'이라고 하는 식이다. 이와 같이 공산주의, 전체주의에 대비해서 민주주의를 정의하려는 시도는 만족스럽지 못하다. 반의어로 어떤 것을 정의하는 것은 순환 논리에 다름 아니기 때문이다.

또한 공산주의와 전체주의는 민주주의의 반대말도 아니다. 공산주의는 '생산이 공동으로 이루어지는 생산양식'을 가리키는 말이다. 즉 사적 자본을 소유한 사람이 노동을 고용하고, 그 노동은 임금을, 자본가는 이윤을 얻는 체계가 아니라, 자본을 사회적으로 소유하고 다 같은 공동체의 일원으로서 공동 경영과 노동을 한 뒤, 필요에 따라 생산물을 분배받는 체계인 것이다. 이러한 체계는 역사상 존재한 적이 없는 유토피아적 개념일 뿐이다. 그리고 그것은 경제체제에 관한 것이기 때문에 그 개념이 민주주의와 양립 불가능하다고 봐야 할 개념적 근거도 없다. 공동으로 생산수단을 소유하고 생산에 관련된 의사 결정을 내리는 체제는 경험적으로는 독재로 빠지기 쉽다고 할 수 있겠지만 개념상으로는 독재도, 민주주의도 함의하지 않는다.

전체주의 역시 민주주의의 정확한 반대말은 아니다. 물론 전체주

사회는 민주주의 사회일 수 없다. 입헌적 자유 없이 민주적 의사소통은 불가능하기 때문이다. 그러나 다수 지배에 의한 전체주의는 개념상으로 민주주의가 아니라 정치적 자유주의와 대칭을 이루는 개념이다. 의사 표현의 자유, 정치적 집회의 자유, 영장주의, 법에 의한 판결, 인권의 보호가 없는 사회가 바로 전체주의 사회인 것이다. 자유주의는 국가와 공동체에 대한 어떤 독특한 태도를 일컫는 개념으로, 권력자, 국가, 다수가 개인에 대하여 행사할 수 있는 권한이 제한적이라는 이념이다. 자유주의의 전통은 대단히 폭넓고, 특히 사회경제적 문제에 이르면 그 내부의 대립도 상당히 날카롭다.*

이제 민주주의를 반대말로 소극적으로 정의하지 말고 적극적으로 정의해보자. 이탈리아의 저명한 정치학자 노르베르토 보비오는 "민주주의는 통치 형식의 하나로, 통치의 힘, 즉 통치권이 한 개인이나 몇몇 소수의 수중에 장악되어서는 안 된다고 믿는 신조"[2]라고 이야기했다.

이것은 훌륭한 출발점이지만 완전히 만족스럽지는 않다. 이 정의를 만족시키는 여러 층위와 형태의 정치체제가 있기 때문이다. 예를 들어 로마의 공화정은 호민관을 통해 민중의 의사와 이익이 일정 정도 대변되지만 기본적으로는 원로원으로 대표되는 귀족에 의해 통치되는 체제였다. 따라서 우리는 정치학자들이 공히 '민주주의'라고 부를 수 있

---

* 다만 자유주의 가운데 정치적 자유주의는 특정한 민주주의관을 포함한다. 정치적 자유주의에 따르면 사회는 항구적으로 단일화될 수 없는 다원적이고 포괄적인 교리(이것은 세계관, 종교, 정치관, 사회관, 인간관, 윤리 모두를 포함하는 용어다)를 신봉하는 사람들로 이루어져 있고, 이런 다양한 사람들이 평화롭게 공존하고 공정하게 협동하려면 일련의 헌법적 기본 사항이 보장되어야 하기 때문이다. 그리고 그러한 기본 사항에는 민주주의의 기본 틀이 포함된다.[1]

는 최대공약수적인 특성, 최소주의적 개념의 정의로부터 출발해야 한다. '인민*이 자신들의 통치자를 평화적으로 교체할 수 있는 정치제도'가 바로 그것이다. 이 정의는 칼 포퍼가 『열린사회와 그 적들』에서 제시한 것으로, 그 이후 정치학자들도 '최소한의 정의'로서 이것을 받아들였다. 독재국가에서 민주국가로의 이행을 거친 여러 나라의 사례를 이론적으로 분석한 아담 쉐보르스키도 같은 정의를 채택하고 있다.[3] 우리나라의 민주화 이행 과정을 분석한 학자 임혁백 역시 같은 정의를 채택하고 있는 것을 볼 수 있다.[4]

이러한 정의를 확고히 세워두고 보면 북한이나 중국이 민주주의국가가 아님은 확실하다. 유신헌법하의 대한민국 역시 민주주의국가가 아니었음도 분명히 알 수 있다. 현재의 러시아 같은 경우도 민주주의국가라고 하기 어렵다. 이렇게 최소한의 요건을 갖추지 못한 정치 체계를 걸러낼 수 있다는 것은 최소주의적 개념의 분명한 장점이다. 그러나 새로운 의문이 생긴다.

미국과 독일을 비교하면 어떤가? 스웨덴과 대한민국을 비교하면? 그 모두는 '민주적'이고 아무런 차이도 없는가? 북한과 미국을 가르는 기준을 마련하는 것도 중요하지만 대한민국 사회의 고통과 번영을 제대로 다루기 위한 틀을 고민하는 우리에겐 최소 개념을 충족하는 여러

---

* 인민人民은 조선 시대에도 존재하던 오랜 우리말로, 근대화 시기에 'people'의 번역어로 선택되었다. 국민國民은 이미 국가가 그 영토와 기본적 정치조직을 갖추어 구성된 후 그 규율을 받는 사람들을 가리키는 뉘앙스가 강하다. 그에 비해 인민은 그러한 국가의 구체적인 규율에 따라 권리와 의무를 할당받는 존재라기보다는 국가의 구성 권한을 가지고 있는 자연인들을 일컫는 뉘앙스가 강하다. 민주주의의 기본 틀을 정하는 차원에서 논의할 때는 국민보다 인민이라는 용어가 적합하다.

민주주의'들'을 평가할 수 있는 더 높은 기준이 필요하다. 즉 여러 층위와 형태의 민주주의가 존재하고, 어느 것이 더 나은가를 평가하고, 어떤 변화가 개선인지를 판단할 수 있게 해주는 기준이 필요하다. 이것이 규제적 이상으로서의 민주주의의 기준이다.

규제적 이상으로서의 민주주의

민주주의를 평가하는 기준으로, 가장 저명한 민주주의 이론가 중 한 명인 로버트 달이 제시한 기준을 출발점으로 삼아보자.

> 1. **평등한 투표권** 결과를 결정하는 규칙은 (……) 그 결과에 대해 표현된 각 시민의 의견을 고려해야 하고, 또 평등하게 고려해야 한다. 즉 투표권은 시민들 사이에 평등하게 분배되어야 한다.
> 2. **효과적 참여** 집단적 결정을 (……) 내리는 과정 전반을 통하여 각 시민은 최종적 결과에 관한 의견을 표현할 수 있는 적합하고도 평등한 기회를 가져야 한다.
> 3. **계몽된 이해** 자신의 의견을 정확하게 표현하기 위해 각 시민은 앞으로 결정될 문제에 대한 자신의 의견을 발견하고 검증할 (……) 적합하고도 평등한 기회를 가져야 한다.
> 4. **인민에 의한 의안의 최종적 통제** 인민은 위의 세 가지 기준을 충족시키는 과정에 의해 어떤 문제를 결정하고 결정하지 않을지를 결정하는 권리를 행사할 배타적 기회를 가져야 한다.

5. **포괄성** 인민에는 떠돌이나 정신적으로 결함이 있다고 판명된 사람을 제외하고 모든 성인이 포함되어야 한다.[5]

1의 기준에 의해서 우리는 노동자와 여성을 포함하지 않았던 초기 영국의 의회제가 그만큼 비민주적이었다고 점수를 매길 수 있다. 뿐만 아니라 지역구 의석과 비례대표 의석이 1:1 비율이고, 정당 득표율에 따라 전체 의석이 배분되는 독일은 의원 선출 제도가 지역구 중심인 대한민국에 비해 훨씬 민주적이라고 할 수 있다.

또한 5의 기준에 의하면, 만 19세 이상을 투표권자로 정한 대한민국의 정치제도는 유엔 가입 130개국 가운데 113개국(적어도 만 18세 이상을 유권자로 포함하는 국가들)보다 그만큼 비민주적이라고 평가할 수 있다.

그렇다면 일반적으로 어느 정도 민주주의가 공고화되었다고 평가받는 발전된 자본주의 국가라면 1과 5의 기준은 충족한다고 볼 수 있다. 그러면 2, 3, 4의 기준이 남는다.

2의 기준은 크게 두 가지로 나뉘어 있다. 정당정치라고 일컬어도 과언이 아닌 현대 민주주의에서, 일반 시민의 의사가 각 정당의 의사 결정에 얼마나 영향을 끼치느냐가 그 하나고, 다른 하나는 의회 밖의 정치 공간이 얼마나 성장해 있느냐, 얼마나 성숙해 있느냐다.

정당 의사 결정의 민주성은 정당의 하부 조직이 실질적으로 활동하는 당원들을 얼마나 광범위하게 확보하고 있느냐에 의해 결정된다. 정당이 유령 당원뿐이고, 당의 재정을 소수의 재력가들로부터 충당하거나 공천을 받으려는 사람들에게 기부금을 받아 충당하려고 한다면 정당의 의사는 시민들의 의사와 멀어질 수밖에 없다.

의회 밖 정치 공간의 성장 측면에서 보면, 국가기구와 파편화된 개인만 있는 사회보다는 개인이 여러 다양한 단체에 광범위하게 조직되어 있는 사회가 더 민주적일 것이다. 다만 이런 결사체들이 특정 직능이나 계급을 중심으로만 조직되어 있다면 그다지 민주성에 기여하지 못할 것이다.

의회 밖 정치 공간의 성숙 측면은 여러 기준에 의해 평가될 수 있다. 우선 시민사회의 여러 집단이 '공공의 토론 규칙'과 실질적인 '공익'의 관점에서 토론하고 협의하는 문화가 발달한 곳은 제로섬 게임식의 대결 구도와 힘으로 집단 이기주의를 몰아붙이는 곳보다 효과적인 정치를 낳을 것이다. 그런 면에서 스위스의 정치는 대한민국의 정치보다 성숙하다. 또한 시민사회의 목소리와 영향력이 집단의 힘에 따라 대단히 불균등하고 협소하게 발휘되는 곳보다는 약자를 대변해주는 집단을 포함해 풍부하고 다양한 정치조직이 존재하는 곳이 더 정의로운 과정에 따라 운용될 것이다. 한편 공식적인 정치제도 밖의 정치 공간의 성숙과 성장은 시민의 참여에 권력을 부여하는 공식적인 제도 틀에 따라 크게 변할 수 있다.

3의 '계몽된 이해'는 시민이 사안에 대한 정보를 온전하게 습득한 상태에서 결정을 내리느냐와 관련된다. 몇몇 대중매체가 독점적으로 정보 통로를 지배하는 사회보다 시민들이 책을 가까이하고 정당과 노동조합, 시민단체의 토론 모임 및 다양한 언론들이 존재하는 사회의 시민이 보다 계몽된 이해를 가질 것이다. 그런 점에서 미국보다는 네덜란드가 더 민주적이라고 할 수 있다.

한편 3의 기준에 따른 점수 역시 공식적인 제도 틀에 따라 달라질 수 있다. 즉흥적인 여론보다 숙고되고 심의된 의견을 더 우선하는 공식적인 제도가 있다면 계몽된 이해도가 상당히 높아질 거라고 예상할 수 있다. 여기서 우리가 염두에 두어야 할 것은 다수결이라는 의결 절차로 대변되는 다수 지배가 큰 권위를 갖는 사회는 그 의사 결정의 질에 따라 3의 평가 항목에서 점수가 바닥을 향해 갈 수도 있다는 것이다.

4를 평가하는 기준은 크게 두 가지로 볼 수 있다. 하나는 반응성이고, 다른 하나는 책임성이다. 통치자가 인민의 견해에 충실히 잘 반응하여 정책을 결정하는 것이 반응성이다. 인민이 어떤 정책이 왜 결정되고 시행되는지 설명을 요구할 때 통치자가 그 정당화 이유를 성실하게 제시하고, 정책 시행의 결과가 좋지 않았을 때는 그에 대해 책임을 지고 물러나는 것이 책임성이다. 반응성 없고 책임성 없는 정치가 유지될 수 있는 이유는 의제 중심의 정치가 아니라 인적 속성 중심의 정치가 이루어지기 때문이다. 그 결과 구성원들에게 고통을 가중시키고 번영을 감소시키는 정책은 제대로 평가되지 않고 '옷 입는 스타일'이나 '말하는 방식', '경쟁하듯 쉴 새 없이 터지는 추문' 같은 노이즈 속에서 반응성과 책임성 문제는 사라지고 만다.

지금까지 민주주의를 평가할 수 있는 규제적 이상의 세부 항목에 대해 살펴보았다. 기본적으로는 다섯 항목으로, 발전된 민주주의에 대해서는 그중 세 항목으로 점수를 매길 수 있고, 이 세 항목은 다시 세부 항목으로 나뉜다.

그리고 이제 우리는 이 다섯 항목을 모두 포괄하는 규제적 이상으로서의 민주주의를 정의할 수 있다.

규제적 이상으로서의 민주주의는 평등한 참여가 이루어지는 공공의 장에서, 심의되고 숙고된 인민의 의사에 의해, 집단적 의사 결정이 이루어지는 정치 원리다.

이 이상은 현재의 정치체제를 평가할 수 있는 규준이 된다. 그리고 이 책의 목표는 특히 2의 '효과적 참여', 3의 '계몽된 이해', 4의 '인민에 의한 의안의 최종적 통제'라는 측면에서 현재 정치체제의 결함을 분명하게 밝히고, 이 규준으로부터 훨씬 성공적인 민주주의 제도를 도입할 수 있다는 가능성을 제시하는 것이다.

3장

엘리트주의의
도전

계몽된 이해

온전한 대의

계몽된 이해

앞서 공산주의와 전체주의는 민주주의의 반대 개념이 아니라고 했다. 그렇다면 민주주의와 반대 되는 개념은 무엇인가? 바로 엘리트주의다.

엘리트주의의 요체는, 일군의 매우 능력 있는 사람들만이 법에 복종하는 모든 사람들의 선善을 실현하는 데 필요한 지식과 덕성을 동시에 지닐 수 있다는 전제와, 이러한 능력 있는 지도자들이 민주적 과정에 종속되지 않고 통치해야만 그 사회가 최선의 사회가 될 수 있다는 신념에 있다. 한마디로 그 사회를 수호하는 수호자들이 있고, 그 수호자들이 통치자가 되어야 한다는 것이다. 반대로 민주주의의 핵심 이념 중 하나는 통치권이 소수의 수중에 장악되어서는 안 된다는 것이다.

엘리트주의자들은 그들의 주장을 다음과 같이 옹호한다. 지식이란 대상을 이롭고 유익하게 만드는 기술이다. 그리고 지식은 도덕적 지식, 기술적·도구적 지식, 정치적 지식으로 나뉜다. 그런데 이 지식들을 잘 이해하고 활용하는 능력에는 사람마다 큰 차이가 있다. 플라톤은『국가론』에서 목수 일을 잘하는 사람이 따로 있고, 낚시를 잘하는 사람이 따로 있으니, 분명 통치에 적합한 사람도 따로 있다는 식의 유비를 소크라테스의 산파술 형식을 빌려 주장한다.[1] 그러나 겉보기에는 그럴듯한 이 유비는 실패한 논증 방식이다.

먼저 목수와 낚시꾼의 권위는 분업과 전문성에 기초하여 다른 사람들이 동의한 권위다. 이러한 권위의 특성은, 권위가 제공하는 전문성과 그 전문성에서 발생하는 편익을 보고, 그 편익을 누리는 사람들이 동의한다는 것이다. 예를 들어 의사에게 치료를 의탁하는 사람은, 의사가 질병이나 부상을 더 잘 치료하리라는 점을 이해하고 자신의 판단으로 의사에게 치료를 맡기는 것이다. 목수나 낚시꾼의 경우도 마찬가지다. 그러나 엘리트주의 정치체제의 엘리트들은 강제를 통해 자신의 권위를 관철한다. 즉 통치되는 다른 구성원들이 엘리트들에게 특별한 식견과 지도력이 있다고 동의하지 않더라도 엘리트들만의 합의로 다른 이들을 통치하는 것이다. 따라서 목수와 낚시꾼 사례에서 권위는 '서비스'의 형태를 갖지만 여기에 기초하여 끌어온 정치체제의 사례에서 권위는 '동의 없는 강제'의 형태를 갖는다.

구성원 사이에 능력 차이가 있다는 것은 민주주의자들도 인정하는 바다. 그러나 엘리트주의자는 여기서 더 나아간다. 그 차이가 너무나 커서, 보통 사람의 능력은 통치에서 강제로 그들을 배제하기에 충분할 정도로 심각하게 떨어진다는 것이다. 그러면서 어린이 예를 든다. 어린이는 그 사회의 일원임에도, 또한 그 사회의 운명에 그들의 운명이 좌우됨에도 의사 결정권이 없다. 그것은 바로 어린이가 정치적 능력에서 상당히 떨어진다는 것, 즉 일부 구성원을 통치에서 강제로 배제하기에 충분한, 능력의 질적 경계가 존재한다는 점을 민주주의자들도 받아들인다는 것 아닌가? 정치적 유능과 무능의 경계가 사실상 모든 체제에 존재하는데, 민주주의자들은 보통 사람의 능력을 터무니없이 과장해 그것을 받아들이려 하지 않는다는 것이다.

엘리트주의자의 시선으로 대중민주주의의 현실을 보면, 대중민주주의에서 대중은 자기 판단하에 대의자를 선출하고, 대의자를 여론으로 견제한다. 그런데 이들이 내리는 판단의 질은 어떠한가. 대중은 매일매일 일상에 치여 산다. 그들은 아침에 일어나 잠자리에 들기까지 가족을 돌보고 직장 생활을 하기에도 바쁘다. 정치적 쟁점을 깊이 있게 살펴볼 여유가 없고, 그 결과 그런 쟁점을 분석할 능력도 거의 갖지 못한다. 그런 상태에서 여론조사에 답하고, 투표를 한다. 대중이 이런저런 공적 쟁점에 관해 내리는 결론들은 코드화되고 화석화된 식상한 관념들이 심리적으로 연합한 결과다. 그들은 편견에 호소하는 프로파간다에 쉽게 넘어가며, 자신이 내린 판단이 잘못되어도 아무런 책임을 지지 않는다. 이것이 대중민주주의에 대해 엘리트주의자들이 말하는 바다.

이에 민주주의자는 대답한다. 역사상 모든 엘리트주의는 비참한 결과만 낳은 독재로 귀결되었다. 그러나 역사상 민주주의는 상당 부분 꽤 괜찮은 결과를 낳았다. 역사적 실례가 있지 않느냐?

엘리트주의자는 꼭 그런 것은 아니라고 답한다. 이를테면 인상적인 사례로 베네치아공화국이 있다. 이 공화국은 대략 8세기나 존속했고,

거기다 시민들에게 평화와 번영을 가져다주었으며, 전체적으로 봤을 때 이례적인 성공을 거두었다. 그들은 정교한 헌법 아래 뛰어난 법률 체계를 운용했고, 예술, 건축, 도시 계획, 음악 분야에서 창조성을 발휘했다. 사회적 갈등으로 인한 폭동이나 소요도 없었다. 정치체제는 광범위한 동의하에 유지되었던 것으로 보인다. 이 공화국은 법적으로 적게 잡으면 25명, 많게는 2,000명 정도의 소수 시민들에 의해 통치되었다. 이들은 귀족 가문의 남자들로, 처음부터 통치가 자신들의 특권이자 의무라는 사실을 알고 자랐다. 그들은 특수 이익을 함부로 확대하지 않고, 공화국 전체를 보도록 신중하게 구성되었다.

베네치아공화국뿐만 아니라 15세기 메디치 가문 아래의 피렌체공화국도 있다. 또한 엘리트주의자들은 당시의 문명 수준으로 볼 때 유교의 기치 아래 능력주의 관료제를 운영하면서 장기간 안정과 번영을 이룩한 중국의 황제 시스템도 엘리트주의의 성과와 잠재력을 보여준다고 말한다.[2]

그러나 민주주의자도 멈추지 않는다. 지식을 세 종류—도덕적 지식, 기술적·도구적 지식, 정치적 지식—로 구분한다 해도 다음과 같이 논파된다고 주장한다.

첫째, 엘리트들은 과연 인민이 갖지 못한 도덕적 지식을 갖추었는가? 그 지식을 만일 특수한 인적 속성으로 정의한다면 그것은 도덕적 지식을 완전히 잘못 이해한 것이다. 어떤 결정이 옳은가는 그 결정에 영향을 받는 사람들이 자유롭고 평등한 자격으로 토의에 참여해 합의를 했는가 하는 질문과 떼어낼 수 없다. 그러므로 결정에 영향받는 구성원의 다수를 토의에서 배제한 채 산출된 지식을 타당한 도덕적 지식이라고 생각하는 것은, 도덕을 '타인을 어떻게 올바르게 대우하는가'와 는 전혀 동떨어진, 나와 유사한 생각을 가진 사람들이 진정으로 무엇을 원하는가로 변질시키는 것이다. 엘리트들이 결정에 영향받는 이들의 책임 추궁과 이의 제기로부터 단절될 때, 그들의 도덕적 지식 수준은 퇴락할 수밖에 없다.

둘째, 엘리트만이 배타적으로 도구적 지식을 가졌는가? 정의상 수호자는 도구적 지식의 전문가가 아니다. 설사 그들이 다른 이들보다 상대적으로 뛰어난 지성을 갖추었다 하더라도 기껏해야 한두 분야에서 보통 사람들보다 나을 뿐 모든 분야에서 탁월한 도구적 지식을 갖추었을 리 만무하다. 즉 엘리트도 역시 광범위한 사안에 대해서는 비전문가의 입장에서 판단할 수밖에 없다. 그렇다면 비전문가의 입장에서 공적 쟁점을 다루는 문제는 엘리트주의에서도 똑같이 대두될 수밖에 없다. 거기다 전문적 지식을 갖춘 이들의 목소리가 엘리트들의 권력에 눌려 함부로 왜곡될 수도 있기 때문에 제대로 된 지식 활용이 엘리트주의에서는 더 어려워질 가능성이 높다.

더 근본적인 문제는 도구적 지식은 전적으로 경험과학의 문제가 될 수 없다는 점이다. 일례로 어떤 나라의 핵무기 전략에 대한 결정을 들어보자. 한 나라 구성원 전체의 생존, 더 나아가 인류의 생존, 문명 세계의 존속에 관한 문제를 고도의 수학적 훈련을 거친 군사전략 게임 이론가들의 손에 전적으로 맡겨도 되는가? 모든 정치적 결정은 도덕적 판단을 포함한다. 따라서 복잡하게 얽힌 인간사의 중대한 문제들을 각 분야의 전문가들에게 쪼개어 맡길 수는 없다.

셋째, 엘리트주의자가 말하는 정치적 지식이란 '공동선'에 대한 앎이다. 그러나 공동선이 단지 엘리트가 독단으로 규정한 선이 아닌 이상 그것은 공적 관점에서 포착된 선일 수밖에 없다. 그런데 공적 관점에서 공동의 선과 이익이 되는, 즉 공익을 포착하려면 특별한 의사소통의 조건이 필요하다. 개인은 공익뿐 아니라 공익과 반하는 사사로운 이익을 통해서도 이득을 얻기 때문이다. 그리고 이러한 개인에는 엘리트도 포함된다. 엘리트들은 특권을 지닌 지위를 강화하고 지속하고자 하는 욕망에 취약하다. 따라서 사악한 이익sinister interest, 즉 "크든 작든 공동체 일반의 이익과 충돌하는 이해관계"가 무분별하게 들어올 수밖에 없다. 존 스튜어트 밀은 그것을 "이기적이며 변덕스럽고 충동적인, 그리고 근시안적이고 무지하며 편견에 가득 찬 정책을 입안하고 추진"하게끔 하는 이익으로 묘사한다.[3]

밀이 여기서 '사익private interest'이라는 용어를 쓰지 않고 주의 깊게 '사악한 이익'이라는 용어를 썼다는 점에 주목할 필요가 있다. 즉 개인의 이익이라고 해서 공익이 되지 못하는 것은 아니다. 중요한 것은 그 이익이 결국 모든 개인들에게 공유되는 이익을 주는 원리에 기반한 것이냐, 아니면 일부 개인에게만 귀속되고 나머지 구성원들에게는 불이익을 주는 원리에 기반한 것이냐 하는 점이다. 그런데 엘리트들은 독단적으로 자신들에게만 이익을 주는 원리를 공익 원리로 선포하기 쉽다. "왕과 고위 귀족들은 백성에 대한 무제한의 권력을 보유하고 행사하고 싶어한다. 자기들 뜻대로 권력을 휘두르며 철저하게 복종을 강요하는 것이 스스로에게 이익이 된다고 생각하는 것이다. 그러나 백성이 생각하는 이익은 다르다. 정부의 합당한 목적을 달성하는 데 지장이 없는 한, 될 수 있으면 통제를 덜 받고 싶어한다."[4]

공익은 날것 그대로 포착되지 않는다. 개개인이 직접 경험할 수 있는 것은 자신의 이익 증진과 축소이다. 그런데 개개인의 이익은 서로 충돌할 수 있다. 그래서 시민 개개인의 관점에 머물러서는 그 갈등을 타당하게 조정할 수 없다. 설사 개개인의 관점에서 어떤 이익을 원하는 이가 다수라 할지라도 여전히 그것은 다수 분파의 이익에 불과하다. 공익은 원리의 수준에서 모든 구성원들이 보편적으로 보장받는 형식의 이익이어야 한다. 그리고 그런 형식의 이익은 구성원들 누구도 불평등하게 배제되지 않은 자유로운 의사소통을 통해서만 포착될 수 있다. 그러나 엘리트주의는 시작부터 의사소통의 조건을 엘리트에게 유리하게 왜곡한다. 공익을 파악하고 실행하는 능력은 개개인의 속성만 봐서는 판단할 수 없다. 아무리 뛰어난 개인도 공동체 구성원 전체의 관점을 스스로 획득하기에는 한계가 있다. 그러므로 개인들이 근거를 가지고 의견을 교환할 틀이 필요하다. 따라서 특출한 사람만이 다른 모든 사람의 공동선을 발견하고 실현하는 능력을 지녔다는 가정은 틀렸다. 발견과 실현의 능력은 체제에 있는 것이지 개인에게 있는 것이 아니기 때문이다.

어린이는 대단히 특수한 예다. 누구나 시간이 지나면 어른이 되기 때문이다. 그렇기에 정치적 판단 능력의 미성숙을 고려하면서 정치적 평등을 준수하려면 책임을 지고 사회생활을 할 수 있는 연령에 상응하게 유권자를 규정하는 방법밖에 없다. 그런데 엘리트주의는 전 연령대에 걸쳐 대부분의 사회 구성원을 철저히 정치적 의사 결정에서 배제하려고 한다. 한때 어린이였던 성인들은 어린이에게 투표권을 부여하지 않는 지금의 정치 체계를 합리적이라고 수긍한다. 반면에 엘리트주의에서 다수 대중은 그러한 수긍을 할 수 있는 기회조차 박탈당한다. 성인과 대비되는 어린이의 능력이라는 특수한 예로부터 곧바로 엘리트와 일반 대중의 정치적 권한의 차별적 부여를 이끌어내는 것은 논리의 비약이다.

베네치아공화국이 매우 번영한 것은 사실이다. 그러나 당시의 특수한 경제적 여건 또한 무시할 수 없다. 상업 교역 국가로서 강건한 지위를 유지하는 일이 그 작은 나라의 시민들에게는 공통된 이익으로 뚜렷하게 인식되었다. 그리고 그 이익을 추구하는 것이 때마침 귀족들의 엘리트주의 통치와 잘 맞아떨어졌던 것이다. 베네치아공화국은 감탄을 자아내지만 그 감탄을 자아내는 이유 자체가 엘리트주의의 결점이다. 엘리트주의의 대부분이 비참한 결과—구 동구권 국가, 북한, 독재하의 라틴아메리카 국가들, 그리고 수많은 역사상의 국가—를 가져왔고, 민주주의와 대비해 전반적으로 성과를 살펴보면 거의 언제나 형편없는 결과를 낳았기 때문이다.[5]

당·송·원·명·청 시대의 중국은 거대한 규모의 관료제 정점에서 황제가 권력을 행사하는 엘리트주의의 전형이었지만 황제 개인의 성정과 능력에 따라 나라의 운명은 쉽게 나락으로 떨어지곤 했다. 또한 베네치아공화국이 전체적으로 번영한 것과 공화국 개별 구성원들의 긴절緊切한 요구가 실제 민주적으로 수용되었는지는 별개의 문제다. 이러한 점까지 감안하면 척박한 환경의 작은 나라인 네덜란드나 덴마크가 베네치아공화국보다 훨씬 더 훌륭한 성과를 보였다. 경제적 성공과 사회적 안정뿐만 아니라 개별 시민의 권리 보장도 훨씬 더 체계적으로 이뤄냈기 때문이다. 그럼에도 엘리트주의는 간간이 확인되는 번영에 기대어 대부분의 기간을 엘리트들의 사욕을 채우느라 무너져가는 체제의 수용을 요구한다.

엘리트주의의 공격이 결정적이지 않다는 점은 이제 잘 알겠다. 그런데 엘리트주의에 대한 민주주의자의 반비판을 살펴보면 약간의 의문이 든다. 다분히 '방어'에 초점이 맞춰져 있는 것이다. 다시 말해 엘리트주의 역시 일말의 진실을 담고 있다. 그 진실은 엘리트주의를 옹호하기에는 부족하지만 민주주의자가 100퍼센트 방어하기에도 또 어려운 진실이다.

엘리트주의의 가장 날카로운 공격은 민주주의를 평가하는 기준 가운데 세 번째, '계몽된 이해'가 민주주의에서는 부족하다는 비판이다. 이러한 비판에 대해 민주주의 옹호자들의 답변은 '엘리트들도 잘 모른다'거나 '엘리트들에게 배타적으로 의사 결정을 맡기는 건 고양이에게 생선을 맡기는 격'이라는 식이다. 즉 민주주의 옹호자들은 계몽된 이해가 부족하다는 비판에 대해 단지 정치 참여의 평등성(1의 기준)과 포괄성(5의 기준)을 만족시킬 필요를 들며 소극적으로만 대응할 뿐이다. '집합적 이익'을 가장 잘 대변하는 주체는 그 집합의 구성원이며, 그들의 견해가 평등하게 영향력을 행사해야 한다는 논리로 방어하는 것이다.

그러나 어떤 주체가 자신의 이익을 충실히 충족시키려는 욕구를 갖고 있다는 것과 그 이익에 대해 계몽된 이해를 갖고 있다는 것은 별개의 문제다. 유사 의학을 믿는 환자는 간절히 병의 치유를 바라지만 치료법에 대한 잘못된 지식으로 건강을 더욱 해칠 수도 있다. 따라서 엘리트주의의 공격은 민주주의가 '계몽된 이해'의 기준에서 도약을 이뤄내기 전까지는 계속될 것이 분명하다. 또한 이 도약이 이뤄지기 전까지 민주주의는 끊임없이 퇴락의 위협에 시달릴 것이다. 민주주의의 외형은 유지하면서도 그 실질에서는 권력을 가진 사람들에게 의사 결정을 맡기는 흐름이 나타나는 것이다.

퇴락을 저지하기 위해서는 민주주의의 질적 도약이 필요하다. 민주주의는 계몽된 이해를 실현할 수 있는 최선의 정치체제가 민주주의라는 것을 새로운 제도로 보여줘야 한다.

한편 엘리트주의의 도전을 그저 엘리트주의의 헛점을 지적하면서 현재의 제도에 안주하는 것으로 회피할 수 없다는 점은 '온전한 대의'를 둘러싼 딜레마에서도 마찬가지로 드러난다.

온전한 대의

온전한 대의代議란 무엇인가. 국가정책을 결정하는 제도적 지위에 있는 대표자들이 나머지 구성원들의 의사를 온전히 고려하고, 적정한 방식으로 반영하며, 책임을 지는 것이다. 즉 대표자들의 토론장에서 관련된 이해관계들이 무시되지 않고 적절히 고려되고, 관련된 진지한 주장들이 모두 토론의 대상이 된 후에야 국가정책이 결정되는 것이다.

온전한 대의는 그 자체가 민주주의의 규제적 이상일 뿐만 아니라 공정한 정치적 심의 과정을 위해 꼭 필요한 것이기도 하다. 첫째, 사회의 각 집단이 가지고 있는 정보와 지식과 요구는 서로 다르다. 이것들이 온전히 드러나 고려되지 않으면 합리적이고 합당한 의사 결정이 이루어지기 어렵다. 열 가지 지식이 모여야 하는데 세 가지, 네 가지 지식만 모이면 합리적이지 않은 결정이 내려진다. 고려되어야 할 요구가 열 가지 있는데 세 가지, 네 가지 요구만 고려되면 편향되고 불공정하고 합당하지 않은 결정이 내려질 수밖에 없다. 둘째, 설사 이러한 것들이 모두 드러나 있다 해도 편향된 의사를 가진 대표들이 애초에 그것을 전혀 고려하지 않을 수도 있다. 중요한 요구와 지식이 노골적으로 또는 은연중에 무시되는 것이다.

그래서 온전한 대의는 엘리트주의에 대한 가장 강력한 공박이 된다. 우리는 경험을 통해 인간은 누구나 자신의 처지를 중심으로 사고한다는 것을 안다. 그리고 그러한 자기중심적 사고를 공익이나 객관적 섭리로 쉽사리 포장한다는 것도 안다. 이런 자기중심적 경향은 타인의 자기중심적 경향과 대면할 때 상쇄되고 교정될 수 있다. 대다수 구성원이 정치적 의사 결정에서 제도적으로 배제될 때 그들의 목소리는 한낱 무의미한 웅얼거림으로 전락하고 만다. 그러면 의사 결정권을 틀어쥔 소수 엘리트들은 자신들의 지배를 공고히 하는 사사로운 사유를 보편적이고 공적인 수사로 포장해 손쉽게 관철할 수 있다. 이는 인류의 정치 사회에서 반복해 벌어졌던 일이다.

그러나 엘리트주의는 이 공박에 대해 오히려 이렇게 답한다. '민주주의는 숙고되지 않은 시민들의 의견이 수적 우세를 통해 관철될 수 있도록 한다. 그러면 숙고되지 않은 의견들이 지배적인 영향력을 발휘할 뿐만 아니라 소수의 긴절한 이익은 제대로 고려되기 힘들다. 그러니 모든 구성원들의 이익을 공정하게 고려하고, 숙고된 의견으로 쟁점을 검토하는 엘리트들이 의사 결정을 내려야 한다.'

그리하여 민주주의는 온전한 대의의 기준과 관련하여 딜레마에 빠진다. 시민의 즉각적인 의사를 그대로 반영할수록 중요한 이익과 의견이 고려되지 않는다. 이것을 방지하려다보면 점점 엘리트주의와 닮아간다.

온전한 대의는 말처럼 쉽지 않다. 보통선거권을 도입한다고 해서 온전한 대의가 완수되는 것은 아니다. 여기엔 세 가지 위험이 있다. 첫째 위험은, 힘 있는 소수가 정치적 의사 결정 과정을 장악해서 좌지우지하는 것이다. 둘째 위험은, 다수가 소수의 이해관계를 전적으로 무시하는 것이다. 셋째 위험은, 집권당이 선거에 유리하도록 일부 쟁점으로 유권자의 관심을 돌리고, 그 쟁점에서 승패에 결정적인 유권자의 선호를 추종하는 것이다. 그러고는 나머지 정책 사안은 중요한 이익들을 고려하지 않고 결정해버린다.

온전한 대의를 어떤 식으로 구현할 것인지가 어려운 문제라는 점은 미국 헌법 비조鼻祖들의 고심과 그 결과에서도 드러난다. 그들은 심의가 제대로 이루어지기 위해 온전한 대의가 필요하다고 봤던 사상가 버크의 영향을 받았다.[6] 그래서 정치적 의사 결정 과정이 공정한 심의를 거칠 수 있도록 몇 가지 제도적 장치를 고안했다. 첫째, 그들은 직접민주주의보다 대의제를 옹호했다. 직접적인 이해 당사자들보다 그 대표들이 격정이 아닌 이성에 기반해 토론할 수 있다고 보았기 때문이다. 둘째, 같은 취지에서 그들은 선거인단을 통한 간접선거를 고안했다. 셋째, 그들은 짧은 임기에 비해 긴 임기가 더 낫다고 보았다. 매 정책 결정 때마다 유권자가 즉각 지지를 철회할 수 없을 때 대표들이 당파의 이익이 아닌 공동체 전체의 이익을 더 잘 살필 거라고 생각했기 때문이다.[7]

그런데 비조들이 생각한 이런 심의의 장에서 대표되어야 할 중요한 사회적 이해관계란 무엇이었을까? 그들이 주로 생각한 것은 자산가와 무자산가, 채무자와 채권자의 관계였다. 그들에게 온전한 대의는 채무자와 채권자 모두가 대표를 통해 동등한 목소리를 내는 것이었다. 그래서 직접선거로는 다수 의사를, 간접선거로는 소수 의사를 정부가 수용하도록 하는 방안을 생각했다. 또한 하원은 다수의 이익을, 행정부와 상원, 사법부는 소수의 이익을 보호할 것이라고 생각했다.

그러나 이것이 실제로 온전한 대의가 실현되는 심의로 매끄럽게 이어졌다고 보기는 어렵다. 그리고 이는 결과적으로 그들이 심의를 강화하는 방법으로 엘리트주의적 수단을 택했음을 보여준다. 이로써 투표라는 간접적인 방법 외에 심의의 장에서 이익이 온전히 다뤄질 다른 통로는 없게 되었다. 또한 그들이 생각한 사회적 이해관계의 범주가 대표되어야 할 이해관계의 범주를 망라한 것이라고 볼 수도 없었다. 게다가 그 범주에 속하는 이들의 이익이 '동등하게' 반영되어야 한다고 했지만, 자산가 보호에 치우쳤다고 볼 수도 있다. 미국 헌법 비조들의 논의와 그들이 고안한 제도들은, 몇몇 사상가들이 인지한 '중요한 범주'를 통해 사회를 나누고, 그 대표를 기계적 방식으로 배분하는 것으로는 온전한 대의가 성립하지 않는다는 점을 보여준다.

그렇다고 비조들의 잘못이 오직 그들이 중요하다고 생각한 범주를 잘못 설정한 데에만 있다고 생각해서는 안 된다. 이를테면 직능 비례제를 민주주의의 대안으로 생각하는 사람들은 '직능'을 배타적인 범주로 설정하는 잘못을 저지른다. 성 비례제, 지역 비례제 모두 같은 함정에 빠진다. 사회는 하나 또는 몇 개의 정체성을 기준으로 고정된 속성을 가진 사람들로 구성되지 않는다. 사람들은 복합적인 정체성을 가지며, 같은 범주에 속하는 경우에도 다른 견해를 가질 수 있다. 따라서 그 범주 중 어느 하나를 정해서 기계적으로 그 범주에 따라 동등한 대표를 내게 하거나, 수에 비례한 대표를 내게 하는 것은 오히려 역동적인 심의를 고정된 속성에 따라 고착시키는 결과를 가져온다.

이질적인 복수 이익들의 조합을 온전히 반영하는 것은 불가능하다. "관련된" 이익이 너무 많고 다양해서 국회, 사법부, 행정부에 공동체 대표를 모두 포함시키는 제도적 장치를 마련한다는 것은 실제로도 불가능하지만 이론적으로도 불가능하다. 각각의 이익을 대변하는 대표를 몇 퍼센트씩 배분해야 할지 결정권이 있는 기관이 있다면, 그 기관이야말로 의사 결정의 결과를 좌지우지하게 될 것이므로 그 기관에 가장 공정하게 대표가 할당되어야 할 것이다. 그러면 그 기관 역시 어떤 다른 기관에 의해 할당 기준이 정해져야 한다. 이런 식으로 무한 소급이 되는데, 이러한 무한 소급을 어느 단계에서 끊어버리면 할당 기준을 설정할 권한을 가진 기관의 자의가 정치의 결과를 좌우한다. 결국 입법부, 행정부, 사법부의 국가기관에 다양한 정체성을 가진 분파들을 모두 공정하게 망라하는 것은 실제로도 불가능할 뿐 아니라 '공정한 할당'의 의미가 분명하지 않다는 측면에서 이론적으로도 불가능하다.

게다가 어떠한 범주별 할당제도 그것이 정치기구의 근간이 되어버리면 정치적 의사소통 과정을 왜곡한다. 즉 범주별 '할당제'가 대표를 선출하는 핵심 원리가 되면 정치의 핵심은 할당에 놓이고, 정책에 대한 토론은 실종된다. 대표들은 자신이 속한 범주의 이익을 대변할 것이 당연히 기대되고, 그 결과 대표들이 어느 정도의 비율로 할당될 것인가가 의제 설정부터 결정까지 모두 좌우하는 결정적인 지점이 될 것이기 때문이다. 이는 직능별, 계급별, 소득별, 지역별, 성별, 인종별, 세계관별, 종교별 할당이 어떻게 이루어져야 하는가에 대한 사회적 갈등을 폭발시킬 것이다.

같은 직능 집단에 속하더라도 계급이 다르거나 지역이 다르거나 성별이 다를 수 있다. 한 사람이 속하는 집단의 범주는 서로 중복되고 교차한다. 이런 범주를 모두 고려하면서 대표의 비율을 할당하는 공정한 방법은 없다. 그저 의석의 20퍼센트는 성별에 따라 비례적으로 할당하고, 의석의 10퍼센트는 지역에 따라 배분하며, 의석의 30퍼센트는 소득에 따라, 10퍼센트는 채권자냐 채무자냐에 따라 배분하는 방식은 왜 그렇게 분할했는지에 답하지 못한다. 이로 인해 범주가 차지하는 대표직의 비율에 대한 정치적 시비는 끊이지 않을 것이다.

직능 대표 같은 하나의 범주로 할당제를 실시할 때에도 온전한 대의를 구현하기는 쉽지 않다. 인구 비례로 할당하면 수적 우세가 그대로 정치적 우세로 고착되는 위험이 발생한다. 반면에 인구와 관계없이 하나의 세력이라는 이유에서 똑같이 할당하면 세력이 쪼개질수록 더 많은 의석을 보장받는 문제가 발생한다. 100명의 한 집단보다 2명으로 이루어진 50개의 집단이 더 많은 의석을 얻는 것이다. 그 결과 정치 공동체는 조각난 집단들이 서로 자신들의 몫을 더 많이 가지려는, 집단에 대한 집단의 투쟁의 장으로 바뀔 것이다.

이로 인해 심의는 망가진다. 관행적으로 특정 범주와 결부된 견해가 토의를 통해 바뀔 여지가 없어지는 것이다. 만일 명시적으로 할당된 자리에 어떤 집단의 대변자로 선출된 사람이 그 집단에서 다수를 차지하는 이들의 관행적 의사를 그대로 반영하지 않는다면, 그는 재선출되지 못할 것이다. 이는 집단의 범주 자체를 특정한 의사와 직결시키는 현상을 초래한다. 그러나 민주주의 심의의 장에 참여하는 대표의 역할은 각 집단의 전형적인 의사를 고집하는 것이 아니다. 더 나은 근거와 논의에도 어떠한 의견도 바뀌지 않는다면 민주주의는 특정 장소와 시기에서 중요한 것으로 여겨지는 두드러진 범주에서 다수파의 전횡에 불과해진다. 따라서 토의를 통해 더 나은 결론을 찾는다는 민주주의의 정신은 사라지고 만다.

오늘날 힘없는 집단은 과소 대표되고, 힘 있는 집단은 과대 대표되는 상황은 중대한 문제다. 더군다나 힘없는 집단이 수적으로는 다수인 경우도 많아서, 인구 구성비에서 소수인 집단이 동등한 자리를 차지하면 오히려 힘 있는 소수가 과대 대표되는 문제점도 발생한다.

온전한 대의의 실현은 실로 중요한 문제다. 기계적인 집단 할당 방식이 답이 아니라면, 어떻게 문제를 풀어내야 할까. 첫째, 1인 1표의 원칙을 더 제대로 구현해야 한다. 한 사람의 이익도 상황과 관계에 따라 그때그때 다른 범주로 표현될 수 있다. 그리고 어떨 때는 자신이 속한 범주의 다른 사람들의 의견과 다른 의견을 가질 수도 있다. 그래서 정치적 의사를 고정된 정체성에 결부시켜 고착화해서는 안 된다. 그리고 여러 처지의 사람들의 요구를 종합하여 합리적이고 합당한 문제 해결 방안을 모색하는 것은 일차적으로 정당의 역할이다. 따라서 1인 1표의 제대로 된 구현을 위해서는 우선 의회의 정당 비례대표성을 높이는 선거 제도의 개혁이 꼭 필요하다. 그러면 소수 정당이 의회에 더 쉽게 진출할 수 있고, 의회는 전체 유권자의 견해를 더 잘 반영할 수 있다. 그리고 의회에 진출한 정당은 당원들의 다기한 요구를 적절한 틀로 받아안을 수 있다. 이는 온전한 대의의 기준에서 상당한 개선을 불러온다. 이러한 정당정치의 개선은 특정한 범주의 고정된 의사에 구애받지 않는, 토의를 통한 의사 형성의 가능성을 크게 열어준다.

둘째, 시민단체와 이익집단의 발언력과 영향력의 왜곡된 분포를 바꿀 필요가 있다. 이들은 의회 밖에서 의회에서 입안되고 논의될 의제를 형성하는 데 큰 영향을 미친다. 즉 이들은 정당과 함께 온전한 대의가 이루어지게 하는 매개 역할을 한다. 그러나 이러한 단체들은 1인 1표의 원칙이 아니라 조직화가 얼마나 용이하고, 그 구성원들이 얼마나 여유가 있느냐에 따라 조직되고 활동한다. 그래서 강자의 조직은 구성하기 용이하고, 활발하게 활동하며, 영향력이 있다. 반면에 약자의 조직은 조직되기 힘들고, 활동도 눈에 띄지 않고, 영향력도 별로 없다. 그렇기에 이익의 대변을 가장 필요로 하는 취약 계층의 사람들이 더 불리해진다. 이런 사람들이 자신들의 필요를 의제로 변환해줄 결사를 조직할 수 있어야 한다. 그러기 위해서는 시민단체나 이익집단 같은 결사의 지위를 제도적으로 인정하고, 그 결사를 조직하고 운영하는 일을 오로지 구성원들의 개인적인 여력에만 맡겨두지 않아야 한다.

셋째, 시민들이 심의의 장에 직접 참여할 수 있는 통로가 열려 있어야 한다. 투표 이후에 시민을 공식적인 심의의 장과 완전히 단절시키는 것은 오히려 대의를 왜곡한다. 시민의 숙고되지 않은 의견이 심의를 왜곡하는 것을 방지하고, 숙고된 의견이 온전히 제도적 지위를 갖출 수 있도록 하는 장치가 필요하다. 이는 시민들의 직접적인 심의기관이 의회와 함께 입법 권력을 갖는 제도를 의미한다.

'계몽된 이해'와 '온전한 대의'는 현재 대의민주주의 제도가 처한 딜레마를 보여준다. 대의민주주의가 시민의 구체적인 의사를 그대로 반영하려고 할 때는 엘리트주의의 공박에 쉽게 무너진다. 또한 시민의 구체적인 의사와 멀어지려고 할 때는 엘리트주의와 닮아간다. 이는 현실 대의민주주의가 완성된 형태의 민주주의가 아님을 보여준다. 엘리트주의의 공박을 성공적으로 극복하면서도 엘리트주의의 단점을 그대로 받아안지 않기 위해서는 민주주의의 이상에 맞게 현재의 민주주의를 개선하는 길이 무엇인지 알아야 한다. 그리고 이를 위해서는 대의민주주의의 한계를 보다 정확하게 파악할 필요가 있다.

4장

위기의
대의민주주의
I

다수결 제도의 한계

정당정치의 한계

선거제도의 한계와 '정책 전환'

다수결 제도의 한계

대의민주주의는 다수결을 그 중핵 요소로 한다. 또한 다수결은 많은 이들에게 민주주의와 동의어로 여겨지고 있다. 그러나 실상 다수결은 민주주의의 다른 조건들이 갖추어졌을 때에 비로소 그 최소한의 규범적 의미를 갖는다. 다른 조건들이란, 모든 사람들의 동등한 발언권과 의사교환이 보장될 것, 정치적 과정에서 타당한 근거가 실질적으로 검토될 것, 마지막으로 결정되는 정책이 구성원의 기본권을 침해하지 않을 것이다. 만일 이 조건들 중 하나라도 충족되지 않으면 다수결 결정은 그 정당성을 잃는다.[1] 예를 들어 일부 구성원들의 입을 막은 상태에서 토의가 진행된 후 표결이 이루어졌다면, 그 표결은 정당하게 이루어졌다고 볼 수 없다. 또 일부 구성원들의 기본권을 박탈하는 정책을 다수결로 통과시켰다면, 그 정책은 기본권을 박탈당하는 구성원들로부터 존중받을 규범적 기반을 갖지 못한다.

　설사 이러한 조건이 갖추어졌다 해도 '과반過半'이라는 기준이 특별한 규범적 우위를 갖는 것은 아니다. 어떤 정책에 대해 모든 사람의 동의를 얻는 만장일치滿場一致가 규범적 이상으로서는 최고의 지위일 것이다. 그리고 그보단 못해도 90퍼센트의 동의 또는 3분의 2 동의와 같은 기준도 나름의 장단점이 있다. 그럼에도 대부분의 정책 문제에 과반이 기준이 되는 데에는 두 가지 이유가 있다.

　첫째, 집단적 의사 결정에 관한 총비용이 가장 적게 드는 절차가 다수결이기 때문이다. 아래 그래프를 보자.

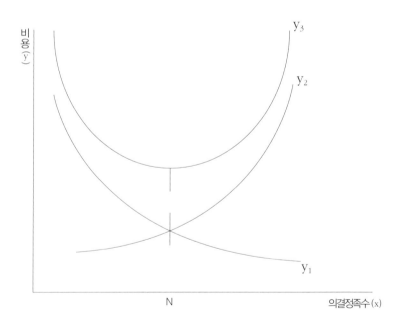

그래프에서 y축은 비용, x축은 의결정족수를 나타낸다. 그리고 아래의 우하향하는 선은 외부 비용*을, 우상향하는 선은 의사 결정 과정에 들어가는 노고, 시간, 자원 등을 의미하는 의사 결정 비용**을 나타낸다.

그래프에서 가장 상단의 U자형 곡선은 이 두 비용을 합한 총비용이다. 비용을 합하는 방식은, 두 곡선 각 좌표의 x값에 해당하는 y_1과 y_2를 더하여 새로운 $y_3(=y_1+y_2)$을 구하는 것이다. 이 비용 곡선은 개인적인 것이고, 사회적인 비용 곡선은 개인의 비용 곡선을 모두 합하면 된다. 개인적인 비용 곡선이 대체로 비슷할 것이므로 사회적 비용 곡선 역시 비슷한 모양일 것이다.

의결정족수가 늘어나면 그만큼 사회적 합의에 무게가 더 실리므로 그 정책을 이행했을 때 발생하는 (보상되지 않는) 피해가 그만큼 적다. 반면에 합의하는 사람의 수를 늘리려고 시간을 끌면 그만큼 협상 비용이 늘어나고, 시간의 지체도 하나의 비용이 된다. 그리고 합의를 위해 지급하는 보상비도 비용에 포함된다.

사회적으로 최적의 의결정족수는 바로 N 지점이다. 그렇다면 N 지점이 과반의 지점일까? 많은 공공선택 이론가들이 대부분의 정책 사안의 경우 과반수 지점에서 의사 결정 비용이 꺾일 것이라고 본다. 최소한 과반수가 되어야 당파 연합에 따라 이미 결정된 것이 뒤집어지는 일이 사라지기 때문이다. 예를 들어, 40퍼센트를 의결정족수로 삼는

---

* 다른 사람들의 집단 행동으로 채택된 결과로 인해 내가 부담하는 비용(즉 내가 동의하지 않은 정책으로 인해 내가 부담하는 비용).
** 내 의견이 채택되도록 다른 사람의 동의를 얻기 위해 내가 지불하는 모든 비용(보상 비용, 협상 비용, 의사 결정 지연에 따르는 비용, 의사 결정 과정에 투입되는 자원의 기회비용)

다고 해보자. 그리고 A, B, C, D 안이 각각 25퍼센트의 지지를 받는다고 해보자. 그러면 A안과 B안이 연합하여 하나의 안을 만들면 40퍼센트를 넘길 수 있다. 또한 C안과 D안이 연합해서 40퍼센트를 넘길 수도 있다. 그러면 이 두 안 중에 어느 것으로 할지 다시 결정해야 하는 문제가 생긴다. 반면 과반으로 정하면 이러한 문제가 생기지 않는다. 그래서 의사 결정 비용 곡선은 50퍼센트를 넘어선 지점에서 불연속된 하락점이 나타나는 것이다.

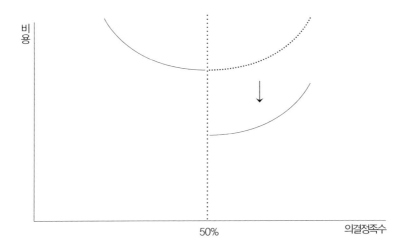

둘째, 구성원들이 유사한 처지에 있는 사안에서는 규범적 측면에서 다수결이 동등한 의사 결정권을 가장 잘 구현해주기 때문이다.

우선 정도程度가 문제되는 사안에서는 구성원 전체의 입장에서 봤을 때 과반 기준이 그나마 바라는 바를 가장 근접하게 실현해준다. 예를 들어 어떤 공공재를 공급하는 문제에 A집단은 4만큼이 가장 적절하다

고 생각하고, B집단은 10만큼, C집단은 16만큼을 가장 선호한다고 해 보자. 구성원들이 이 사안과 관련하여 이렇게 갈렸을 때, 구성원 각자의 정책 만족도는 자신이 바라는 바와 실제로 결정된 바의 거리가 가까울수록 높아질 것이다. 그러므로 10이라는 중간 지점에서 결정되는 것이 그나마 바라는 바를 가장 근접하게 실현해준다. 결정된 바와 A집단이 바라는 바의 거리는 6(=|10-4|), B집단이 바라는 바와의 거리는 0(=|10-10|), C집단이 바라는 바와의 거리는 6(=|10-16|)이다. 그래서 총거리는 12가 된다. 이 12는 정책 불만족의 정도를 표현해주는 것이라고 할 수 있는데, 중간 지점인 10으로 결정했을 때 이 정도가 가장 낮다. 예를 들어 C집단이 선호하는 대로 16으로 결정한다고 해보자. 그러면 거리는 A집단에는 12(=|16-4|), B집단에는 6(=|16-10|), C집단에는 0(=|16-16|)이 되어 총합 18이 된다.

그렇다면 왜 과반 기준이 B집단이 바라는 10을 실현하게 해주는가? 10보다 적은 정도로 공공재를 공급하려는 정책에 대해 B와 C집단은 연합하여 더 공급하도록 정책을 바꾸려 들 것이다. 이러한 압력은 10이 될 때까지 계속된다. 다른 한편 10보다 많은 정도로 공공재를 공급하려 하면 A와 B 집단이 연합해서 덜 공급하게끔 결정을 내릴 것이다. 반면에 10만큼 공급한다고 했을 때, A와 C 집단은 연합할 수가 없다. 둘 사이의 거리가 각 집단과 B집단과의 거리보다 더 멀기 때문이다. 그래서 중위 선호를 가진 B집단이 바라는 대로 결정이 된다. 그리고 그 결과 모든 사람의 정책 불만족도는 가장 낮아진다. 이것을 '중위자 투표의 정리'라고 한다.

또한 과반보다 높은 기준이 설정되면 기존 질서에서 기득권을 가진 사람들이 지나치게 큰 의사 결정권을 행사한다. 어떤 의안이 의결정족수 미달로 통과되지 못하면 아무 정책도 시행되지 않는 것이 아니다. '기존에 하던 대로 한다'는 정책이 실시되는 셈이다. 그런데 기존에 하던 대로 하는 것을 가장 좋아하는 사람들이 기득권자들이다. 그리고 이 기득권이 부당하기 때문에 새로운 의안이 제시된 것일 수 있다. 하지만 과반보다 높은 기준을 설정하면 기득권자들이 1인 1표 이상의 결정권을 행사하는 셈이 된다. 이를테면 100명으로 구성된 사회에서 2명이 기득권자인데 의결정족수가 99라고 해보자. 그러면 기득권자 둘만 반대해도 아무런 정책도 도입할 수 없다. 따라서 이 2명은 사실상 나머지 98명을 압도하는 힘을 갖는다. 이 정도로 극단적이지 않아도, 기득권과 기존 질서가 결부되어 있는 상황에서 과반보다 높은 기준은 소수 기득권자에게 불비례적인 의사 결정권을 부여하는 셈이 된다.

그러나 다수결의 이러한 두 규범적 이점은 오로지 구성원과 구성원이 처한 상황과 관련해서 일정한 조건이 성립하는 경우에만 발생한다. 구성원의 이해관계가 고도로 동질적이어야 하고, 구성원의 욕구를 충족시키는 데에 특별한 규범적 문제가 발생하지 않아야 한다. 또한 구성원에게 주어진 선택의 문제는 오로지 양적인 정도의 문제로 깔끔하게 환원될 수 있는 것이어야 한다. 마지막으로 구성원의 선호 자체는 아무런 의문의 대상이 되지 않아야 한다. 하지만 정치의 논의 주제가 되는 것 가운데 이러한 조건을 모두 만족시키는 경우는 흔치 않다.

예를 들어 다수결의 첫째 이점인 총비용의 최소화는 논의 대상이 정도의 문제에 관한 정책일 때에만 이야기할 수 있다. 그러나 많은 정책 사안들이 이미 합의된 좋은 것을 얼마나 공급할 것인가 또는 합의된 나쁜 것을 어느 정도나 감수할 것인가에 관한 정도의 문제 틀에서 벗어나 있다. 임신 기간에 따른 낙태를 허용할 것인가 말 것인가. 자유무역협정FTA에서 투자자-국가 제소 조항을 수용할 것인가 말 것인가. 교과서를 국정화할 것인가 말 것인가. 오래된 원자력발전소의 수명을 연장할 것인가 말 것인가. 이것을 단순히 정도의 문제로 보는 것은 민주적 논의 대상이 되는 정책들의 주제를 잘못 이해하는 것이다.

이 잘못된 이해는 '그 자체가 민주적 토론의 주제가 되어야 하는 선호의 타당성을 따지는 일이 아예 정치 과정에서 사라진다'는 문제를 낳는다. 잘못된 이해 위에서는 모든 정책의 타당성이 '선호 충족의 최적성'으로 환원된다. 그런데 선호 충족의 최적성이 정당한 목표가 되려면 선호 자체는 의문시되지 않아야 한다. 하지만 선호가 의문시되지 않기는 개인의 삶에서도 그리 쉬운 일이 아니다. 예를 들어 개인은 비합리적인 인과관계에 대한 신념 때문에 어떤 목적을 달성하는 데 그 도구가 필요하다고 생각해서 그 도구를 선호할 수도 있다. 그러나 실제로는 그 목적에 그 도구가 필요하지 않고, 오히려 장애가 될 수도 있다. 또한 개인은 다른 사람을 최대한 많이 폭행하고자 하는 선호를 가질 수도 있다. 그러나 이러한 선호는 그 자체가 규범적으로 부당한 것이다. 어떤 선호든 간에 그 선호를 최대한 잘 충족하는 것이 목표가 되려면 선호 자체가 타당해야 한다. 어떤 정책을 선호한다는 것은 그 정책을 어떤 의복이나 음식처럼 욕구한다는 뜻이 아니다. 이러저러한 이유에서 그 정책을 지지한다는 것이다. 그러므로 정책에 대한 선호는, 그 선호를 불러일으킨 이유의 타당성을 검토하지 않으면, 그 선호 충족의 최적성을 목표로 상정할 수 없다.

이러한 문제는 흔히 '정도'의 문제로 환원되곤 하는 사회보장제도 정책을 살펴보면 분명해진다. 사회보장제도는 축소하거나 확대할 수 있다. 이 제도를 축소하거나 확대하는 정책은 형식적으로는 양적 정도의 문제로 보일 수 있다. 그러나 이렇게 볼 경우 이 문제는 마치 음식을 공동 구매하는 사람들이 얼마나 많은 식비를 지출해서 얼마나 많은 음식을 같이 먹을 것인가를 결정하는 사안처럼 변질된다. 이 가상 사례에서 음식을 공동 구매하는 사람들은 매우 유사한 상황에 처해 있다. 그들은 동일하게 식비를 지출하고 동등하게 음식을 나누어 받는다. 그러나 이 모델에 기초해 복지제도를 운용하면 중요한 규범적 문제가 소실된다.

사회보장제도는 음식 공동 구매와 달리 모든 구성원들에게 동등한 영향을 미치지 않는다. 구성원들은 대체로 유사한 처지에서 사회보장제도를 구매하는 것이 아니다. 사회보장제도를 가장 필요로 하는 사람들은 질적으로 상이한 궁핍한 처지에 있다. 이를테면 노동능력이 없는 장애인, 노동은 가능하지만 자신의 노동력만으로는 가족 구성원 전부를 제대로 부양할 수 없는 사람, 그리고 원치 않는 실업 상태에 빠진 사람 등이다. 이들은 안정적인 고소득이 있는 사람들과 같은 처지에서 사회보장제도를 약간 더 필요로 하는 것이 아니다.

이들의 필요를 거절하는 것은 매우 중대한 규범적 함의를 갖는다. 이는 사회 구성원 중 일부가 현존하는 법질서 내에서 스스로 인간다운 생활을 할 길을 찾지 못했다면 그 수준 이하로 떨어져 구걸에 의존해 살아가거나, 자선을 베푸는 사람이 없으면 삶을 포기하라는 결정과 다름없기 때문이다. 따라서 이러한 문제를 민주적으로 다룬다는 것은 사안에 관해 상이한 이해관계를 가진 사람들의 이미 생성된 선호를 집계하는 일과는 전혀 다른 것이다.

이러한 고찰은 다수결이라는 의사 결정 규칙을 민주주의 자체와 동일시하는 혼동이 얼마나 잘못된 것인가를 보여준다. 다수결은 민주주의의 다른 부분들 역시 잘 작동하고 있을 때에야 타당하게 작동하는 의사 결정 규칙 중 하나에 불과하다. 기본권 문제에는 적용될 수 없으며, 근거들을 교환하고 검토하는 과정 자체에도 적용될 수 없다. 또한 문제의 이해와 해결책의 타당성을 보증하지도 않는다. 민주주의는 단순히 의문시되지 않는 선호를 충족시키는 데 효율적인 의결정족수를 따르는 것 이상의 심대한 의미가 있다. 그 심대한 의미는 다수가 어떤 정책을 지지하는 이유를 올바르게 검토하도록 하는 절차가 민주주의 내에 구축되지 않으면 실현될 수 없다.

정당정치의 한계

오늘날 대의민주주의는 정당정치의 형태를 취한다. 무소속 대표는 찾아보기 힘들며, 대부분의 대표는 정당에 속해 있다. 정당은 의제를 설정하고 추진하며, 정당의 당원인 대표들을 내부적으로 구속한다. 그렇기 때문에 시민이 대표가 되고자 하는 사람에게 투표하는 것은 곧 정당에 투표하는 것과 마찬가지이다. 그런데 정당정치는 원래 '계몽된 이해'와 '온전한 대의'를 촉진하기 위해 도입된 것이다. 유권자의 의사가 정당을 매개로 표현되면 의제에 대한 이해가 더욱 계몽될 수 있고, 여러 정당이 각기 유권자를 얻기 위해 애를 쓰면 보다 온전한 대의가 이루어질 수 있기 때문이다. 그러나 이러한 본래 취지는 현실에서 이루어지는 정당정치에서 제대로 구현되고 있지 못하다. 이는 정보의 불완전성과 관련 있다.[2]

우리 사회가 완전 정보 사회에 매우 가깝다면 유권자는 모든 것을 직접 알아보고 결정할 수 있으므로, 직접민주주의 방식에 따라 투표하면 된다. 유권자는 정책 하나하나를 직접 뜯어보고 자신의 의사를 표현한다. 이 경우에 정당이나 정당이 대변하는 정책 성향은 필요 없어진다. 그러나 현실은 완전 정보와는 매우 거리가 멀다. 사람들은 모든 분야의 정책 타당성을 검토할 능력도 시간도 없다. 그러나 이런 현실에서도 각 정당의 정책 성향이 어떤가에 관한 대략적인 정보는 얻을 수 있다. 그래서 사람들은 정당을 선택하고, 집권 정당은 그 성향에 대체로 맞는 정책을 내놓는다.

이번에는 정당 입장에서 보자. 정당은 정당에서 시행하는 정책 패키지의 내용 하나하나를 유권자에게 모두 이해시킬 수 없다. 이는 유권자에게 거대한 정보 비용을 부과한다. 만일 유권자가 스스로의 노고와 시간을 들여 그 정보를 음미하고 파악하는 비용을 전부 부담해야 한다면 굳이 정당을 경유할 것 없이 직접 결정하는 쪽을 택할 것이다. 따라서 정당은 유권자에게 다가가기 위해 이미지, 강령, 구호, 모토, 캐치프레이즈 같은 정책 성향의 선전이 필요하다. 이를 '성향 차별화'라고 할 수 있다. 이를 통해 대체적인 차별화가 이루어지면 유권자 측에서는 정보 수집 비용이 줄어들고, 정당은 어떤 정책이 가장 많은 표를 가져다줄 것인지 세세히 검토하기보다 어떤 정책 성향이 가장 많은 표를 가져다

줄 것인지 고민하고, 그에 따른 정치적 결정을 내린다.

그런데 이 과정의 각 단계에는 큰 오류가 개입할 수 있다. 첫째, 사람들은 자신의 문제를 해결해줄 정책이 대체로 어떤 성향인가를 파악하는 데 실패할 수 있다. 둘째, 정당의 정책 성향을 파악하는 데 실패할 수 있다. 셋째, 정당은 자신들이 내세운 성향과 맞지 않는 정책을 입안할 수 있다. 넷째, 사람들은 어떤 정책이 자신들의 삶에 미친 영향을 제대로 평가하는 데 실패할 수 있다.

현실에서는 이러한 네 가지 오류가 언제든지 개입할 수 있다. 하지만 특별히 주의를 기울이지 않으면 유권자는 실제로 오류가 개입되었는지 아닌지 알 수 없다. 예를 들어 불안정한 고용과 낮은 임금으로 괴로워하고 있다고 해보자. 그 고통 상황을 해결해줄 정책은 정규직의 해고를 더 쉽게 하는 것인가, 아니면 비정규직에 대한 보상이나 보호를 강화하는 것인가? 양측의 정책을 지지하는 사람들은 각자 자신들의 주장을 뒷받침하는 수사를 퍼붓기 때문에, 스스로 진지한 근거들을 주도적으로 검토하지 않으면, 보다 빈번하게 접하는 수사가 올바른 해법이라고 생각해버리기 쉽다.

두 번째 오류도 간단하지 않다. 예를 들어 두 정당이 같은 문제에 대한 해결책을 내놓는다고 해보자. 효율적인 경제성장, 튼튼한 복지 그리고 강한 국방. 목적에 관한 수사는 거의 차이가 나지 않는다. 실제로 차이가 나는 부분은 수단이 되는 정책이다. 그 정책들을 평가할 수 있어야 진정으로 정당의 성향을 파악했다고 할 수 있다. 언어는 오염되기 쉽다. 정치의 장에서는 문제를 악화시키면서도 해결한다고 위장하는 일이 자주 벌어지고, 이런 위장은 흔히 성공한다. 결국 세부적인 정책을 평가할 수 있는 정보와 능력이 없으면 어느 정당이 실제로 어떤 성향을 가졌는지 파악하기 힘들다.

　세 번째 오류와 관련해, 선거 시기에 내세운 정책들은 정당이 실제로 집권한 뒤 실행하는 정책과 다를 수 있다. 정당은 자신들이 내세운 정책들을 흐지부지 폐기하면서 교묘한 말로 호도할 수 있다. 또한 선거 때 내세웠던 수사는 여전히 유지하면서도 정반대 정책을 집행할 수도 있다. 이는 대의자에게 일정 기간 권한을 부여하는 제도의 고질적인 문제로, 이후「선거제도의 한계와 '정책 전환'」에서 따로 살펴보기로 한다.

　네 번째 오류 역시 악명 높다. 입법되는 정책들은 개인의 삶에 수많은 영향을 미친다. 삶이 어떤 측면에서는 나아졌을 수도, 어떤 측면에서는 나빠졌을 수도 있다. 하지만 유권자 개인은 일정 기간 동안 자신의 삶이 나아지거나 나빠진 것에 정책이 미친 영향을 정확히 평가하기 어렵다. 삶의 상태를 야기하는 원인은 항상 복합적이기 때문이다. 살기 나아지거나 힘들어진 원인에 대한 타당한 추론을 거치지 않으면 현 행정부나 다수당에 대한 평가로 이어질 수 없다. 삶이 나아졌다면 그것은 내가 잘해서인가, 정부가 잘해서인가? 아니면 사회의 다른 사적 행위자들이 잘해서인가? 영향력이 큰 다른 국가 정책의 우연한 결과인가? 알 수 없다. 정부의 행동을 면밀히 파악하고 있는 사람도 드물다. 행정부와 다수당이 시행한 정책들과 그 효과의 주된 내용만이라도 제대로 알고 있는 사람이 드물다. 정당의 정책은 일정한 기간 동안 패키지로만 시행되는데, 이 패키지의 구성 요소인 개별 정책을 따로 떼어내 평가할 수 있는 능력을 갖춘 사람도 드물다.

결국 정당정치는 정보가 불완전한 상황에서 대의민주주의를 작동하기 위한 하나의 조건이지만 그 한계 역시 분명하다. 물론 정당정치가 원래의 이상대로 잘 작동하면 이러한 실패는 어느 정도 완화될 수 있다.

많은 사람들이, 그러니까 적어도 유권자의 3분의 1 정도가 정당에 가입한다. 그들은 정당에 당비를 내고, 정당 행사에 참여하고, 교육도 받는다. 그들은 자신들이 사는 동네의 일도 정당과 논의하고, 전국적인 의제에 대해서도 정당에 건의한다. 이러한 정보를 정당의 지역 지부가 받아안고, 중앙당은 이 정보들을 모두 취합해 정책에 반영한다. 다른 시민들은 당원인 시민들로부터 정당이 어떤 일에 관여하고 있으며 주의를 기울이고 있는가에 관한 정보를 듣는다.

정당정치의 이상적인 형태다. 그러나 이러한 이상의 바람직함을 역설한다고 해서 정당정치의 이상을 실현할 수 있는 것은 아니다. 진정한 대의제를 위한 정당정치는, 이러한 정당정치를 유권자 개개인이 실제로 원하게 하는 제도적 혁신 없이는 달성되기 힘든 지경에 이르렀다. 오늘날 정당은 의원을 중심으로 한 엘리트 중심부와, 선거에 대응하고 매체를 상대하는 전문가들로 형해화되어버렸기 때문이다. 이러한 현실에서는 사람들의 삶에 밀착해 의제를 형성하고 문제를 해결하기보다는, 선거 전문가와 홍보 전문가를 통해 무언가 중요하고 희망찬 일을 하고 있다는 이미지를 심어주는 것만이 거의 유일한 과제가 된다.[3] 그리고 이러한 현실은 단지 '정당정치의 이상대로 하자'라는 구호만 반복해서 외친다고 나아지지 않는다.

결과적으로 지금의 대의제는 정당정치를 감안하더라도 민주주의의 이상, 특히 계몽된 이해 측면에서 크게 실패하고 있다.

선거제도의 한계와 '정책 전환'

계몽된 이해에 대한 문제 제기는 우리로 하여금 '인민의 의사'라는 화두를 다루게 한다. 흔히 민주주의는 '인민의 의사에 의한 통치'라고 이야기된다. 그래서 인민의 의사와 괴리된 통치는 '비민주적', 더 나아가 '독재적'이라고 평가된다. 하지만 '인민의 의사'는 매우 모호한 개념이다. 인민의 즉각적 선호인가? 아니면 추정적 선호인가?

예를 들어 A라는 정책을 실시하는 것이 민주적인가에 대해 여러 이견異見이 있을 수 있다. 가장 간단한 개념은 '즉각적 선호'를 인민의 의사로 보는 것이다. '여론조사 결과'를 '인민의 의사'로 보는 소박한 견해는 바로 여기서 기인한다. 그러나 이것은 곧 심각한 반론에 부딪힌다. 인민은 즉각적 선호와 관련해 모순된 요구를 할 수 있다. 예를 들어 많은 재정이 소요되는 정책을 실시하길 바라면서 동시에 세금 감면을 원할 수 있다. 이때 인민의 의사는 무엇인가? 또는 어떤 법안에 열광적인 지지를 보내고 나서는 그 법률이 실제로 실행되자 크나큰 후회를 하며 저주를 퍼부을 수 있다. 그렇다면 여론조사에 나타난 '여론'은 인민의 의사라고 보기 힘들다. 제대로 숙고해보지도 않고, 일관성도 정합성도 없으며, 아예 사안에 대해 알지도 못하면서 내놓은 의사에 의해 사회가 통치된다면 그 사회는 곧바로 작동 불능에 빠질 것이 분명하다.

이러한 맹점 때문에, 현대 정치 공간에서 활동하는 여러 집단들은 자신들의 주장이 인민의 압도적 다수 의견과 동일하지 않더라도 '민주주의'라는 이름으로, 혹은 '인민의 의사'라는 이름으로 자신들의 주장을 정당화할 수 있다. 이러한 정당화 이면에는, '인민의 의사'를 이른바 여론조사로 대표되는 즉각적인 '예', '아니요'보다는 '인민이 숙고했더라면 자신들을 위해서 원했을 것에 대한 의사'라고 보는 태도가 깔려 있다. 이것이 인민의 의사에 대한 두 번째 입장이다. 이러한 입장의 난점은, 인민이 실제로 자신의 의견을 표시하는 것과는 무관하게 인민의 의사를 계속 자의적으로 규정한다는 것이다. 예를 들어 추정적 의사를 인민의 의사로 볼 경우, 인민의 50퍼센트가 A안을 지지함에도 인민의 10퍼센트만이 지지하는 경쟁적인 B, C, D안 또한 인민 다수의 '진정한 의사'라는 수사학적 장식을 달 수 있는 것이다. 민주주의가 인민의 의사에 의한 통치라고 했을 때, 이렇게 경쟁적인 모든 안이 서로 인민의 의사라고 주장할 수 있다면 '실질적인 결정과 선택'을 정당화해주는 논리는 없어진다. 어떤 정책안이든 지지하는 사람마다 자기 나름의 '추정'을 통해 추정적 의사라고 이름 붙일 수 있기 때문이다.

그러므로 우리가 지금의 대의제를 그대로 두고, 인민의 의사를 '즉각적인 의사'나 '추정적인 의사'냐라는 두 가지 방식으로만 이해한다면 불가피하게 딜레마에 빠질 수밖에 없다.

현대의 대의정치는 이 둘 사이에서 비논리적인 타협을 하려고 한다. '정책 결정 권한을 위임받은 대표가 우선 정책을 시행하고, 그다음 선거에서 인민이 정책 시행 결과를 회고적으로 평가하여 드러난 투표 결과가 민주주의에서 말하는 인민의 의사다.'

이것은 얼핏 그럴듯한 타협이라고 생각될지 모르나 찬찬히 뜯어보면 그렇지 않다. 첫째, 인민의 의사가 이렇게 이해될 경우 인민은 이번 선거와 그다음 선거까지의 기간 동안에는 국가정책에 대해 아무런 의사도 표명할 수 없다. 인민의 의사는 오로지 선거로만 표출되며, 국가가 지금 도입하고 관철하려는 정책에 대한 모든 목소리는 무의미한 웅얼거림이 된다. 이는 정책에 대한 일상적인 사회적 토론이 완전히 실종된 세계를 의미한다. 구체적으로 정책을 뜯어보고, 이견을 제시하고, 비판할 수 없는 세계는 민주주의라고 부르기 어렵다. 또한 인민의 의사가 막연하게 패키지로 묶인 일정 기간의 정책 집합에 대해서만, 게다가 오직 투표의 형태로만 표현된다면, 이는 진정한 민주적 의사소통이라고 할 수 없다.

투표는 인민이 의사를 표명하는 하나의 방식일 뿐이다. 그 외에는 모두 투표에 의해 선출된 공직자가 결정하는 것이 곧 인민의 의사라고 보는 것은, 그 공직자가 민주주의 제도를 폐지하면 그것도 인민의 의사라는 셈이 되는데, 그렇게 볼 아무런 타당한 이유가 없다. 인민의 의사는 구체적인 정책의 타당성에 대해 치열하게 논의하고 이를 통해 축적된 지식에 의해 형성되는 것이다. 그러한 과정 없이 일정한 기간을 거친 뒤 그동안 시행된 정책 패키지에 대해 형성된 막연한 인상 분출을 인민의 의사라고 본다면, 도대체 왜 그러한 의사에 묶여 또다시 일정 기간 동안 절대적으로 지배받아야 하는지 의문스러울 수밖에 없다.

둘째, 위임받은 대표가 민주주의의 조건 자체를 훼손하는 경우에도, 이에 반대하는 인민의 의사는 없는 것으로 간주된다. 예를 들어, 선출된 공직자로 구성된 국가기구가 민주주의를 파괴하는 행위를 한다 해도 이는 위임받은 권한의 집행이 된다. 또한 민주주의의 조건 훼손 뒤에 높은 지지를 받으면, 오히려 민주주의 파괴 행위 자체가 인민의 의사와 동치된다. 이것이 형식적이고 절차적인 투표 결과를 물신화했던 1차 대전 이후 독일 바이마르공화국에서 일어났던 일이다. 나치는 투표의 결과로 집권했고, 국가사회주의당은 그 뒤 투표에 의해 위임이 철회된 적이 없다.

이러한 문제들은 현대 민주주의의 '타협'이 올바른 해결책이 되지 못하며, 커다란 제약을 안고 있음을 의미한다. 바이마르공화국의 비극보다는 훨씬 덜 극적이지만, 현실에서 충격을 주며 계속해서 되풀이되는 '정책 전환' 현상은 이 점을 분명하게 보여준다.

정책 전환의 예는 라틴아메리카의 여러 나라에서 두드러지게 발견된다. 아르헨티나의 메넴, 페루의 후지모리, 볼리비아의 모랄레스는 선거 때 대단히 좌파적인 케인스주의적이고 복지 중심적인 공약을 내걸었다. 그런데 대통령에 당선된 지 한두 달도 지나지 않아 시카고대학교 출신의 신자유주의 경제학자들이 권고하는 신자유주의적 경제개혁 프로그램―엄격한 긴축재정, 공공 부문의 사유화, 사회보장비의 엄청난 감축, 내수 진작이 아닌 수출 주도형 경제정책, 산업 보조금 제거, 해고에 유리한 법률 개정, 차관 증대 등등―을 실시했다. 한마디로 극에서 극으로의 극적인 변환이었다.

정책 전환을 실행한 정치가들은 자신들이 약속한 경기 부양 정책, 재정 확대 정책을 펴면 나쁜 결과를 가져오리라고 믿게 된 경우가 많았다. 베네수엘라는 페레스 대통령의 전임자였던 루신치 대통령의 재임 기간 동안 재정 확대 정책으로 매년 5퍼센트의 성장률을 기록했다. 그러나 페레스는 개인적으로 신자유주의 정책을 도입하지 않고 계속 갈 경우 경제가 대단히 어두워질 것이라는 전망을 갖게 되었다. 이는 전체 국민의 전망에 영향받은 것이 아니라, 선출직 엘리트들을 둘러싼 다른 엘리트들의 견해에 영향을 받은 결과였다. 예를 들어, 페레스 정부에서 개발장관을 처음 역임했던 젊은 경제학자 나임은 베네수엘라가 역사상 최악의 인플레이션을 겪을 것이라고 경고하면서, 새 정부가 급진적인 신자유주의적 개혁을 하지 않는다면 페레스를 위해 일하지 않겠다고 했다. 페레스는 이런 말에 크게 흔들렸다.[4]

신자유주의 경제정책에서 이탈하면 경제적 혼돈이 발생할 것이라는 신념은 시장으로부터 정치가가 받은 메시지로 더 강화되었다. 페루의 후지모리가 받은 압력을 살펴보자. 처음에 그는 신케인스주의자들과 함께 선거 캠페인을 시작했다. 나중에 이 케인스주의 경제학자들은 토사구팽당한다. 후지모리는 그들과 함께 내세웠던 정책들을 진지하게 생각한 것이 아니었다. 단지 유권자들이 좋아할 만한 말을 해줄 수 있는 선거 도구로 그들을 활용했던 것이다. 후지모리는 애초 별 생각이 없었다. 대통령에 당선되고 나서 그는 국제 투어를 다녀왔다. 거기서 만난 국제 금융 기구와 일본 정부, 미국 정부의 인사들은 모두 그의 정책적 경향을 바꾸려고 압력을 넣었다. 페루에 돌아왔을 때, 그는 완전히 달라져 있었다. 어느 날 저녁, 후지모리는 텔레비전 토론 프로그램 두 개를 동시에 시청하고 있었다. 그런데 프로그램에 출연한 경제학자가 신자유주의 경제정책을 실행해야만 국가가 살아날 수 있다는 거시경제정책 처방을 내놓자 등 뒤로 얼굴을 돌려 그의 자문위원에게 말했다. "보라고, 모든 사람이 쇼크 요법을 원하잖아."[5]

페레스나 후지모리 같은 정치가가 신자유주의 정책을 실행해야 한다고 생각했다면, 왜 효율 중심의 개혁을 선거 단계에서부터 선전하지 않았을까? 그들은 질까봐 두려웠던 것이다.[6] 그들은 선거와 정책을 완전히 별개의 사안으로 보았다. 선거는 유권자들이 좋아하는 말로 치러서 일단 당선된다. 그리고 당선된 엘리트는 자신이 내세운 정책과 정반대 정책을 실행한다. 그 정책의 효과가 잘 나타나면 유권자들도 결국 그 엘리트가 옳았다는 것을 깨닫고 다음 선거에서도 뽑아줄 것이다. 이것이 그들이 그렸던 시나리오다. 이 시나리오가 엘리트 개인의 선거 전략으로는 옳을 수 있다. 하지만 민주주의 이념으로부터는 완전히 동떨어진 것이다. 결국 그것은 선거를 의사소통의 장이 아니라 전략적인 거짓말의 장으로 바꾸어놓기 때문이다. 선거에서 후보가 공약한 것은 아무런 의미가 없으며, 후보는 전혀 다른 원천에서 정책 의제를 형성하고 관철한다.

수전 스토크스는 메넴 정부의 일원이었던 로베르토 드로미와 1994년에 했던 인터뷰를 소개한다.

스토크스 메넴이 권력을 쥐면 정통적, 신자유주의적 개혁을 펼칠 것이라고 생각했다면, 왜 그걸 1989년 선거운동에서는 주장하지 않았죠?

드로미 이 나라는 말이죠, 노동력의 10퍼센트가 국가에 고용되어 있습니다. 아르헨티나항공을 사유화한다고 선거 때 이야기하면 아르헨티나 노동자들의 표를 잃습니다. 사유화에 대해 이야기한다고요? 그럼 그 10퍼센트를 몽땅 잃게 됩니다. 우리는 좌파 페론주의자, 노동조합, 보호 산업, 공공 부문 노동자들의 지지를 잃을 거라고 생각했습니다. 우리는 이길지 질지 확실하지가 않았어요.[7]

물론 민주주의를 일정 기간 시행된 정책 패키지에 대해 막연한 인상을 분출하고, 그 분출된 인상에 따라 전적인 권한을 위임받는 사람을 뽑는 시스템으로 정의한다면, 이런 상황은 처음 생각한 것보다는 나쁘지 않을지도 모른다. 스토크스에 따르면, 정책을 전환한 정부는 일관된 정부보다 GDP 1퍼센트 변화에 3배의 표가 왔다 갔다 했다. 이러한 증폭 현상은 정책 전환을 집권 초기에 시작할수록 더 커진다. 다시 말해 정부가 공약을 어기면 국민은 정부가 바꾼 정책의 수행 결과를 더 엄격히 판단함으로써 책임성을 따진다. 또한 일관되게 정책을 추진한 정부는 같은 경제 수준을 유지한 경우 12.7퍼센트의 표를 잃은 데 비해 정책을 전환한 정부는 21.3퍼센트, 즉 그 2배를 잃었다.[8] 그리고 정책과 결과의 연결고리가 갖는 불확실성이 높을수록 유권자의 평가는 사전적으로 공약에 대해 이루어지는 것이 아니라, 정부가 실제로 수행한 일에 대해 사후적으로 이루어진다. 다시 말해 라틴아메리카의 불안정하고 침체된 경제 상황을 어떻게 타개해야 할지, 유권자 스스로도 상당히 불확실하게 생각했다는 것이다. 그래서 스토크스는 정부가 공약한 것과 아주 다른 정책을 시행하더라도 그것을 유권자의 의사와 배치되는 것으로 볼 수 없다고 했다. 유권자 역시도 어떤 정책이 어떤 결과를 가져올지 확실하게 알지 못했으니 말이다. 게다가 정책을 전환한 정부의 경제 성과가 좋지 않으면 공약을 일관되게 집행한 정부보다 더 엄하게 투표로 제재를 받으므로, 정책을 전환하든 하지 않든 결국 민주주의의 통제를 제대로 받는 셈이라고 평가했다.

그러나 정책 패키지에 대한 사후적 인상 평가가 민주주의의 전부라는 전제는 민주주의의 협애狹隘한 작동만을, 즉 집권자의 정책 수행에 대한 전반적인 인상 표출만을 허용한다. 하지만 앞에서 살펴보았듯이 정책 패키지에 대한 전반적인 인상 평가에는 오류가 개입하기 쉽다. 그리고 '인민의 의사'에 대한 이러한 이해는 그러한 오류를 교정할 아무런 제도적 수단도, 심지어 이론적 도구조차 제공하지 못한다. 스토크스 역시 정책 전환을 허용하면, 국민이 정보가 부족할 때 과연 정부가 국민이 지지하지 않은 정책을 좋은 이유로 펼치는지, 나쁜 이유로 펼치는지 알 수가 없게 되어, 정부의 전략적 행위를 막을 수 없게 된다고 덧붙였다. 예를 들어 어떤 정치집단은 힘 있는 소수의 계속된 지배를 목적으로 권력을 잡으려 하면서도, 효과적으로 힘없는 다수의 이익을 위한다고 선전할 수 있다. 그렇게 권력을 잡고 나서는, 이를테면 공언했던 복지정책을 하나둘 폐기하면서, 반복적으로 그 이유는 공익에 근거한 것이라고 언론 플레이를 할 수 있다. 이러한 일이 되풀이되면, 어떤 정당이 집권해도 공언했던 정책은 상당 부분 폐기될 것이므로, 유권자들은 정치 무력증에 빠지게 된다. 난무하는 전략적 행위로 인해 민주적 의사소통이 붕괴되는 것이다.

정치학자 기예르모 오도넬은 정책 전환을 허용하는 체제를 '위임민주주의'라고 부르며 신랄하게 비판했다.[9] 위임민주주의는 라틴아메리카에서 정치 지도자들이 취임 후에 공약(복지 공약, 자본에 대한 규제 강화, 재정 확대 정책의 실행)과 정반대되는 행위(복지 축소, 규제 완화, 긴축정책의 실행)를 하면서도 아무런 제재도 받지 않은 경험적 사례를 분석하면서 만들어진 개념이다. 이 개념이 적용되는 상황에서는 국가 행위와 투표자 간의 연계가 상실된다. 어떤 인격이 권력을 위임받은 통치자로 나서서 집권 기간 동안 자기 판단에 따라 권력을 행사하는 것으로 민주주의는 축소된다. 그리고 이러한 일방적 관계는 책임성을 사라지게 한다.[10]

이는 근본적인 질문을 제기하게 만든다. 국민이 의제 제기, 정책 형성과 시행, 감독과 평가에서 주도적인 역할을 못하고, 오로지 엘리트가 관철하는 모든 일을 겪고 나서 회고적으로 짧은 반응만 보이는 존재로 전락해도 되는가? 그렇지 않다. 정치체제의 구성원이 이런 식으로 전락하면, 통치에 참여하는 민주적 존재가 아니라, 일방적으로 권위주의적 통치를 겪고 나서 다음 권위주의적 통치를 예비하는 의례를 수행하는 수동적 신민이 되어버리고 말기 때문이다.

'극적인 정책 전환을 하는 정부를 민주적 통제 아래 있다고 볼 것인가, 민주적 통제망을 벗어났다고 볼 것인가'의 문제는 결국 '인민의 의사'와 관련된 대의민주주의의 딜레마와 직결된다.

한편으로 그것은 '추정적 의사'를 인민의 의사로 보는 견해의 결점을 드러낸다. 정책을 정반대로 전환시킨 엘리트들은 '인민의 표출된 의사'는 인민의 의사가 아니라고 본다. 비록 그 표출된 의사에 의해 자기들이 당선되고 집권했더라도 말이다. 대신 인민의 의사는 엘리트들 자신의 재선 시나리오에서 그려진 '추정적 의사'로 환원된다. 그러나 이런 이해에 따르면 '추정적 의사'는 실제로는 영원히 확인될 수 없다. 재선에서 표출되는 인민의 의사 역시 그저 '표출된 의사'에 불과하기 때문이다. 이 또한 새로 선출된 엘리트들의 신념에 따라 언제든지 무시될 수 있는 의사에 불과하다.

다른 한편으로 '표출된 의사'를 인민의 의사의 전부로 보는 것도 문제가 있다. 인민은 때때로 정책 목적에 대해, 그리고 어떤 목적을 달성하는 합리적인 수단에 대해 그릇되게 생각할 수 있으며, 구체적인 정보를 더 접하면 생각이 바뀔 수도 있다는 사실을 전적으로 부인하는 것은 이치에 닿지 않는다. 더군다나 대의제 정부의 적정한 임무가 선거 시기의 공약을 기계적으로 집행하는 것이라고 보기도 어렵다. 정책은 변화된 환경에 반응해야 하며, 정책 입안자들이 타당하다고 생각하는 지식에도 반응해야 한다. 변화된 환경에서는 적절하지도 않고 효과도 없다고 믿으면서 고위 공직자들이 일련의 정책 목록들을 기계적으로 집행한다면, 정상적으로 작동하는 정체政體라고 보기 어렵다. 게다가 공약은 언제나 여러 가지가 묶여 패키지로 제시된다. 수많은 공약을 내건 후보가 당선되었다고 해서 그 공약 하나하나가 유권자의 지지를 받은 것이라고 볼 수는 없다. 이 경우 '공약을 지킨다'는 명분은 선거 시에 쟁점이 된 인기 있는 정책으로 당선된 후, 우연히 쟁점이 되지 않은 정책을 '유권자의 동의를 받았다'며 논의 없이 무조건 집행하는 것을 그릇되게 정당화할 수 있다. 그리고 정부가 이전에 표출된 의사와 다른 정책을 집행하고 그것을 인민이 승인하는 메커니즘이 작동한다면, 그것이 이전에 정해진 정책만을 기계적으로 집행하는 정체보다 못하다고 볼 수도 없다.

라틴아메리카의 사례는 '유권자의 표출된 의사'를 전적으로 무시하는 정부 역시 '대의제의 정당한 틀 안에 있다'는 난제를 제기한다. '약한 충격, 점진적 개혁'을 바라는 다수 유권자의 뜻에 반하여 '강한 충격, 급진적 개혁'을 바라는 소수의 투자자, 경제학자, 정치가의 의견을 관철시키는 것을 온전한 민주주의라고 인정하기는 어렵지만 그 정부들을 '비민주적 독재 정부'라고 단정할 수도 없다. 국민이 이러한 정책 전환 정치가들을 재선시켰기 때문이다.

후지모리 직전 가르시아 정부하에서 페루의 경제성장률은 7퍼센트였다. 후지모리는 이를 이어받아 2년 만에 그 성장률을 9.5퍼센트로 올려놓고 결국 재선에 성공했다. 아르헨티나의 메넴 정부는 더욱 극적인 결과를 산출했다. 메넴이 집권했을 당시 연평균 성장률은 0.6퍼센트였다. 2년 뒤인 1995년 성장률은 5.5퍼센트로 증가했고, 메넴은 재집권에 성공했다. 반면에 베네수엘라의 페레스는 실패했다. 그는 성장률이 플러스인 경제를 물려받아 −2.5퍼센트라는 침체와 수축의 경제로 만들었다. 베네수엘라의 집권당은 정책 전환 시에 요구되는 엄격한 성취 기준을 달성하지 못했기 때문에 선거에서 패배했던 것이다.[11]

이러한 증거들을 고려할 때, 정책 전환을 무조건 비민주적이라고 딱지 붙이고 정리할 것이 아니라, 왜 이러한 일이 일어날까를 면밀히 살펴봐야 한다. 정책 전환은 기본적으로 선거에서 투표가 충분한 심의를 거친 의사를 반영하지 못하기 때문에 발생한다. 그래서 엘리트들은 정책을 실제로 시행하고 나면 유권자가 경험을 통해 자신들의 의사를 변경하리라고 기대한다. 만약 유권자가 정책 입안과 집행 과정에서 충분한 정보 숙지와 심의를 통해 의사를 형성하고 표현할 기회가 있다면 이런 딜레마는 생기지 않을 것이다.

그런데 이 숙고된 유권자의 의견은 선거에 큰 영향을 미치는 이익집단들의 선호 집계로는 나타낼 수 없다. 선거에서 후보자와 정당은 어느 이익집단의 심기도 건드리지 않으려고 노력한다. 따라서 사실 공약으로 내거는 국가적인 프로그램은 자기모순에 처하는 경우가 많다. 노인, 청년 실업자, 군인 모두에게 연금 상승, 임금 상승, 실직자 급여 상승을 약속해놓고는 각종 세금 감면을 약속한다. 따라서 정책 전환 사례에서 우리가 간취看取해야 할 핵심 문제는 다음과 같다.

'추정된 의사'와 '표출된 의사' 사이의 딜레마는 현대의 대의제가 개별 정책들에 심의된 의사가 실제로 반영될 제도적 장치를 마련해놓지 않았기 때문에 생긴다.

만약 어떤 정책에 대한 국민의 심의된 의견을 알 수 있는 제도적 장치가 있고, 그 장치의 견제가 항시 작동한다면, 그 딜레마는 크게 완화될 것이다. 그리고 많은 것이 달라질 것이다.

그럼에도 이런 제도적 장치가 없으면 어떤가? 스토크스의 평가가 밝히듯이 정책 전환을 허용하는 대의제도 사후 평가를 통해 잘 돌아갈 수 있지 않은가? 그러나 사후적 평가만으로 만족해서는 안 되는 정당한 이유들이 있다.

첫째, 극적인 정책 전환을 국민적 합의 없이 허용하는 것은 선거 캠페인 자체를 사기극으로 만드는 짓이다. 그러한 정책 전환이 빈번하게 일어난다면 어떠한 국민도 선거공약을 신뢰하지 않을 것이다. 특히 그런 사회에서는 미래에 대한 비전 제시가 아무런 의미도 없게 된다. 하지만 복잡하고 급변하는 현대사회에서는 언제나 현재나 과거의 업적만큼이나 미래에 대한 비전이 중요한 정치적 의미를 갖는다.

둘째, 사후 평가 시스템은 지배 정치집단이 사적 이익을 추구할 수 있는 전략적 공간을 크게 확대시킨다. 사후 평가는 기본적으로 단일 이슈 또는 경제적 성과에 대해서만 가능하다. 예를 들어, 정부가 공약은 A, B, C, D를 내걸고 실제로는 -A, -B, -C, -D 정책을 추진했다. 그런데 세계 경제의 활력이라는 외부적 요인 덕분에 경제성장률이 유지되거나 높아졌다. 그리고 국민은 경제적 성과를 이유로 현 정부의 재집권을 허용한다. 이럴 경우, 정치가에게 많은 영향력을 행사하는 이익집단과 계급은 대다수 국민의 희생을 바탕으로 이익을 챙기는 법안을 통과시킬 수 있게 된다. 국민은 정책 패키지 속에서 자신들에게 이익이 되는 것과 불이익이 되는 것을 가려낼 수 없고, 그 하나하나를 뜯어볼 수도 없다. 이를 이용해 패키지에 어리석거나 사사로운 많은 정책들을 투입하는 것이다. 게다가 사후 평가는 주로 주된 경제지표를 중심으로 이루어진다. 그러나 시민은 편안하게 소비만 하면 되는 동물이 아니다. 경제지표가 유일한 지렛대가 될 때 시민은 동물적 상태로 전락한다. 시민적 권리부터 진리 탐구의 여건, 공정한 실질적 기회에 이르기까지 많은 의제들이 검토되고 실행될 기회를 잃는다. 국민의 의식은 엘리트들의 위협에 적응해 협애해지기 쉽다. 예를 들어 엘리트들은 표현의 자유를 억압하고, 사람들은 그런 억압에 의해 자신의 견해를 재조정하거나 아예 처벌되지 않는 영역 이외의 견해는 아예 내놓지 못하게 될 수 있다. 약간의 경제적 성과를 빌미로 그 의식의 세계를 협애하게 만드는 거래는 전반적인 삶의 질을 저하시킨다. 그럼에도 사후 평가는 이러한 저하의 측면을 제대로 포착하지 못한다.

셋째, 특정 시점에 평가되는 정책 패키지의 효과는 착각에 기반할 수 있다. 예를 들어, 신용카드 규제를 일시적으로 급격히 완화하거나, 투명하지 않은 파생상품의 허용과 약탈적 대출의 증가로 인한 부동산 거품으로 자산 증가 효과가 나타나 소비가 늘었다고 해보자. 이러한 소비 증대로 생긴 호황은 2008년 미국의 금융공황처럼 결국 막다른 골목에 이른다. 규제 완화 정책은 금융공황이 일어나기 직전 몇 달 전까지 괜찮은 정책이었다가 갑자기 정반대로 성격이 바뀌어 나쁜 정책이 된 것이 아니다. 그것은 처음부터 잘못된 정책이었다. 만일 정책 자체를 검토하지 않고, 단지 정책으로 생긴 특정 시점의 효과만을 가지고 판단한다면, 정책의 타당성을 제대로 평가하기 힘들다. 그래서 금융 위기 같은 엄청난 실패를 겪을 수 있다.

넷째, 설사 실시된 정책 패키지 전체에 대해 '예'와 '아니요' 가운데 '예'라는 대답을 받았다 하더라도, 그 패키지에 속한 모든 정책이 승인되었다고 보는 것은 부당하다. 예를 들어 집권 정당의 통치 이후에 어느 정도 경제성장이 이루어져서 재집권에 성공했다고 하더라도, 그 과정에서 노동이 유연화되고, 실업 급여가 삭감되고, 노조가 파괴되고, 사회보장제도가 없어지는 것까지 모두 민주적으로 승인되었다고 보는 것은 의제擬制된 해석에 불과하다. 즉 다음 선거의 투표 결과가 그동안의 모든 정책에 대한 승인이라고 간주하는 입장을 먼저 취했기 때문에, 그 하나하나의 정책도 승인되었다고 억지로 간주하는 셈이다. 그런데 이러한 파괴적인 결과들은 장기간 사회의 틀을 결정짓는다. 그럼에도 임기 동안의 단기적 경제 성과만을 일정 시점에서 평가할 경우, 장기적 결과들은 제대로 검토되지 않는다. 그리하여 제한된 선택만을 허용받은 국민들이 실제로 그러한 결과들을 통제하기는 불가능해진다.

다섯째, 정책 전환은 사회적 토론을 허용하지 않는다. 선거 기간이야말로 사회적 토론이 가장 활발하게 이루어지는 시기다. 그 토론을 통해 합의되어 도출된 공약을 완전히 무시하고 몇몇 학자들의 충고를 바탕으로 정치 엘리트들이 결정을 내리는 것은 선거를 계기로 풍부하게 논의될 수 있는 창조적인 해결책의 범위를 축소시킨다. 예를 들어, 경제 위기 상황이지만 말레이시아는 라틴아메리카나 대한민국과는 다른 해결책을 택했다. 고금리, 긴축재정, 금융시장 개방이라는 IMF의 정책 패키지를 거부하고, 오히려 저금리, 경기 부양, 외환 통제를 실시해 성공적으로 위기를 극복하고 경제성장을 이룩했다. 경제학자 조지프 스티글리츠와 폴 크루그먼도 단기 유동성 자금과 외환 위기로 시작된 경제위기에 대한 처방으로 긴축재정 정책은 대단히 부적절하며, 오히려 위기를 심화시킨다고 지적했다. 스페인의 경우, 1982년 곤살레스 정부가 집권했을 때 물가는 치솟고 성장은 정체되었으며, 투자는 감소하고 무역 적자와 재정 적자는 증가했다. 스페인 정부는 신자유주의 프로그램을 실시하면서도 사회보장제도를 오히려 확대해 경제개혁의 충격 정도를 완화시켰다. 즉 노동정책 지출을 늘리고, 의료와 교육 서비스를 보조하고, 소득 보장 정책을 추진했다. 소득 보장에 중점을 둔 스페인의 노동정책 지출은 1988년 GDP의 3.2퍼센트로 유럽연합 평균 2.9퍼센트보다 높았으며, 1980년대 말 총 사회 지출은 GDP의 17.8퍼센트를 차지했다. 스페인의 경제성장률은 1997년 3.8퍼센트, 1998년 4.3퍼센트, 1999년 4.0퍼센트를 기록하면서 유럽연합 평균을 크게 웃도는 고성장을 기록했다. 2000년에는 경제성장률 4.1퍼센트를 달성했고, 실업률도 매우 낮아졌다.[12] 라틴아메리카에도 신자유주의 정책으로 괜찮은 경제성장률을 달성한 나라도 있었지만, 그렇지 못한 나라도 있었다. 그러나 도입된 제도의 결과는 훨씬 더 장기적인 영향을 미쳤다.

대한민국에서도 정부에 의해 실시되는 수많은 정책 패키지가 그 타당성을 제대로 검토받지 않는다. 예를 들어 이자제한법이 별다른 사회적 토론도 거치지 않고 경기 부양을 이유로 완전 폐지된 적이 있다. 그러나 실제로 이자제한법의 폐지는 경기 부양에 별 도움이 되지 않았다.

어떤 사업체도 몇십 퍼센트나 되는 이자를 물면서까지 꼭 시행해야 할 수익성 좋은 사업을 갖고 있지 않으며, 어떤 소비자도 그런 수준의 이자를 물면서 지속 가능한 소비를 할 수 없기 때문이다. 기본적으로 이자율이 10퍼센트(아주 수익성 좋은 사업이 낼 수 있는 순이윤율 수준)를 넘어서는 대출은 본질적으로 약탈적 대출에 가깝다. 따라서 수십 수백 퍼센트의 이자를 제한하려고 한 이자제한법의 폐지는 별다른 정당화 근거 없이 실시되어 사채로 인한 극심한 피해를 발생시켰다.[13] 이러한 정책은 정부가 실시하는 수백 수천의 정책 중 하나에 불과하며, 국민이 이에 대해 면밀히 숙고하고, 투표를 통해 따로 평가하는 제도적 장치란 존재하지 않는다.

사회적 토론이 이루어지지 않을 경우, 국민은 '집권 이전'과 '집권 이후'를 단순하게 비교할 뿐, 실행이 가능했던 다양한 정책과 전략의 결과와 현실을 비교할 수 없다. 이는 민주적인 심의와 숙고의 범위를 대단히 협소하게 만들며, 체제 전체의 문제 해결 능력을 저하시킨다.

여섯째, 정책 전환은 되돌리기 어려운 정책의 경우 큰 문제점을 야기할 수 있다. 예를 들어 아마존에 고속도로를 뚫어버리면, 그 고속도로는 다시 숲이 될 수 없다. 고속도로를 뚫지 않겠다고, 환경을 지키겠다고 약속한 정부가 들어서서 숲을 없애버리면, 나중에 그 정책을 부정적으로 평가한다고 해도 숲은 돌아오지 않는다. 새만금 간척 사업이나 4대강 사업과 같이 환경에 큰 영향을 미치는 정책은 대체로 그 결과를 되돌리기 어렵다. 또한 자본과 노동의 관계를 바꾸거나, 노동계약의 내용을 바꾸는 정책 역시 그에 따른 사회적 관계들을 크게 바꾸어놓아 관련된 이익집단들, 예를 들어 파견회사나 인력 중개업체 같은 곳이 많이 만들어져버리기 때문에 나중에 정책을 되돌리기 힘들다. 일단 개방된 금융시장, 자본시장도 다시 폐쇄하기는 어렵다. 폐쇄 정책을 발표하는 순간, 갑작스런 자본 이탈과 금융 붕괴가 야기될 것이기 때문이다. 라틴아메리카가 구제금융을 받고 신자유주의 프로그램을 수행했음에도 반복해서 외환 위기에 시달리는 까닭 중 중요한 한 가지도 충분한 안전장치 없는 금융시장 개방을 통해 스스로 경제체제의 방패막이를 벗고 국제 자본의 신호 게임에 취약하게 노출되었다는 점이다. 이 경우 국민들이 사후에 '아, 이렇게 지나치게 외국 자본의 영향을 받아선 안 된다'고 판단해도 그 정책들을 되돌리기는 힘들다. 자유무역협정과 같은 포괄적인 협정에 포함된 투자자 보호 조항 역시 비슷한 결과를 낳는다. 국가가 수행하는 공적 사업이 투자자의 이익을 해친다고 판단할 경우 투자자는 국제 중재 기구에 제소할 수 있고, 국가는 어마어마한 배상금을 물거나 공공정책을 포기해야 하는 상황에 맞닥뜨릴 수도 있다. 그렇다면 협정에 그러한 조항을 포함할 것인지에 대해 민주적인 검토가 있어야 하는데, 정반대로의 정책 전환까지 허용하는 대의제에서는 이러한 검토가 이루어지기 어렵다.

앞으로 인류 각국은 이런 류의 번복이 어려운 과제들에 점점 더 많이 부딪히게 될 것이다. 잘못된 정책을 시행하는 것만이 번복이 어려운 문제를 낳는 것이 아니고, 적시에 필요한 정책을 실시하지 않는 것도 그러한 문제를 낳는다. 지수적으로 증가하는 환경오염이나 지구온난화에 대한 대처, 화석연료 고갈에 대비한 대안에너지 체제의 정립이 대표적인 문제다. 이런 과제에 적시에 대처하지 않아 나타나는 결과는 단순히 경제적 성과가 일정 기간 좋지 않던 것과는 비교할 수도 없다.

일곱째, 정책 전환이 허용되는 대의민주주의에서는 온전한 대의가 상당 부분 의미를 잃는다. 어떤 정당이 A, B, C라는 이익을 반영해 정책을 펼치겠다고 했는데, 실제로는 D, E, F라는 이익을 반영해 정책을 펼쳤다고 해보자. 그런데 그것을 제대로 통제할 수 없다면? 그건 정당을 통해 중요한 주장과 이익을 온전하게 반영하려고 하는 메커니즘이 무너졌다는 의미다.

결론적으로, 정책 전환은 현대 대의제의 딜레마와 결함을 대표적으로 보여준다. 공약한 것과 정반대로 정책을 전환한 정부는 국민의 통제망을 벗어나 있다고 보기도, 국민의 통제망 안에 있다고 보기도 어렵다. 현대 대의제는 우리가 민주주의라고 생각하는 이념을 구현할 적절한 제도적 장치를 결여하고 있다. 즉 국민이 구체적인 정책들을 검토하고 그에 대한 숙고된 의사를 제도적으로 표명할 수 있는 장치가 없다는 것이다. 정책 전환 현상은 현대 정치체제가 인민의 계몽된 의사에 의한 통치도, 인민의 의사의 온전한 대변도, 인민에 의한 의안의 최종적 통제도 하지 못하고 있다는 점을 드러낸다.

정책 전환은, 정책을 전환한 정치 엘리트들의 도덕성 문제로 환원할 수 없는 문제다. 그것은 구체적인 개별 정책을 입안하는 단계에서 구성원들이 충분한 토론을 거쳐 정책의 타당성을 검토함으로써, 숙고된 의사를 형성하고 온전히 관철할 수 있는 심의 기제가 필요하다는 것을 제기하는 문제다. 정책 전환이 보여주는 딜레마는 그 원인을 직접 다뤄야 해결할 수 있다.

5장

위기의
대의민주주의
II

선거와 투표의 한계
클라로! 비판적 토론을 거부하는 문화
커뮤니케이션 구조와 여론 정치

선거와 투표의 한계

대의제의 독특한 특성은 선거를 통해 공직자를 선출하고, 그 선거에서 구성원들이 1인 1표를 행사한다는 것이다. '선거는 민주주의의 꽃이요, 투표는 국민의 가장 중차대한 권한과 의무'라고 한다. 그러나 선거와 투표가 실제로 작동하는 현실을 보면, 민주주의를 평가하는 다섯 가지 기준인 '평등한 투표권', '효과적 참여', '계몽된 이해', '인민에 의한 의안의 최종적 통제', '포괄성'에 크게 못 미침을 알 수 있다.

　오늘날 우리 사회에는 투표만 성실하게 하면 모든 문제가 잘 해결될 거라고 전제하는 이야기가 만연하다. 이런 이야기들은 두 가지 부작용을 가져온다. 하나는 그 이야기를 신봉하는 사람들로 하여금 낭만적인 신화 속에서 해결책을 바라보게 한다. 다른 하나는 그 이야기를 신봉하지 않는 사람들을 냉소에 빠지게 한다. 그들은 어차피 그 정당이 그 정당이므로 투표를 제대로 할 필요가 없으며, 이 정당의 문제점을 지적하면 저 정당도 그렇지 않냐고 반박함으로써 정당성을 확보할 수 있다고 생각한다. 그렇기 때문에 대의제의 핵심인 선거와 투표 제도에 어떤 결함이 있는지를 이해하는 것은 중요하다.

먼저, 선거와 투표는 본질적으로 본인-대리인 문제를 내포한다. 이는 인민이 궁극적으로 의안을 통제할 수 없다는 사실을 암시한다. 본인-대리인 문제는 본인이 모든 일을 처리할 수 없어서 대리인에게 일을 맡겼는데, 그 대리인이 본인의 이익을 위해 일하지 않고 대리인 자신의 이익을 위해 일하는 현상을 말한다. 이는 대리인이 하는 일을 본인이 세세하게 다 알 수 없고, 따라서 대리인을 제대로 통제할 수 없기 때문에 발생하는 문제다.

본인-대리인 문제는 우리 생활 도처에 있다. 예를 들어 치과 치료를 받으러 온 환자는 치과 의사가 자신의 치아 건강을 위해 최선의 치료를 해주기를 바란다. 그런 목적으로 치과 치료를 위임한 것이다. 그런데 어떤 나쁜 치과 의사가 동등하거나 더 나은 치료법이 있는데도 더 비싼 진료비를 받아낼 수 있는 치료법을 선택한다고 해보자. 또는 실제로 치료할 필요가 없는 항목을 치료한다고 해보자. 그런데 환자는 치과 진료에 문외한이다. 그래서 시간과 자원을 투여해 아주 자세히 알아보지 않는 한, 치료가 필요하고 그 치료 방법이 최선이라는 설명이 맞는지 아닌지 알 수가 없다. 비슷한 예로 철수가 길동에게 자신의 이익을 위한 최선의 계약을 체결하라고 대리권을 줬다고 해보자. 대리인 길동은 춘향과 계약을 맺는 것이 본인인 철수를 위해 가장 좋은 선택지라는 것을 알게 된다. 그럼에도 길동은 몽룡과 계약을 맺는다. 몽룡이 자신과 계약하면 뒷돈을 주겠다고 제안했기 때문이다. 길동은 철수에게 "최선의 계약을 몽룡과 체결했습니다. 다른 계약 후보자들로 영철, 영희 등이 있었는데, 이들은 몽룡보다 안 좋은 조건을 제시했습니다" 하면서 춘향의 이야기는 쏙 빼먹는다. 본인은 다른 일로 바쁘고 그 분야 계약에 대해 잘 몰라서 일을 맡긴 것이기 때문에 그 보고가 잘못된 것임을 알기 힘들다. 실제로 미국에서 오랫동안 진료를 담당해온 치과 의사가 오히려 환자의 치아를 망가뜨리고는 또 치료를 한 사례가 뉴스로 보도되었고, 대한민국의 대법원 판례들도 본인의 이익을 훼손한 대리인 때문에 문제가 된 사례로 가득 차 있다.

주어진 임무의 범위가 시간적으로도 길고, 공간적으로도 넓고, 업무의 양도 많아 그 임무의 세세한 내용을 제대로 알아보기 힘들 때, 기회주의적 행동이 나타날 확률은 더 커진다. 대리인이 수행하는 일이 많을수록, 직무의 패키지가 클수록, 기간이 길수록, 본인이 대리인의 업무에 대한 정보가 적을수록 기회주의적 행동이 크게 나타나는 것이다. 대리인은 본인의 의사에 따라 일하기보다는 '대리인 자신의 목표를 최소의 비용으로 달성하려는' 양태를 보인다.

그래서 정치의 경우에 난점이 훨씬 커진다. 치과 진료와 특정한 계약 체결 사례에서는 하나의 사항에 관해서만 본인-대리인 문제가 발생하지만 정치적 대리인들은 아주 광범위한 문제들에 대해 위임을 받기 때문이다. 한 해에 처리되는 법안의 수는 수백 건이 넘고, 예산이 집행되는 사안은 엄청나게 광범위하다. 또한 선출된 대통령이 임명하는 공무원들이 하는 일은 우리 삶 전반을 규율한다. 의회나 행정부는 4년이나

5년에 한 번씩 바뀌기 때문에 그 시간적, 공간적 범위는 이루 말할 수 없이 넓고, 대리인(정부나 의회)이 하는 일에 대한 정보를 본인(국민 전체)이 다 가지고 있는 것도 불가능이다. 본인은 대리인에 대한 직접적인 통제력도 가지고 있지 못하다. 그렇기 때문에 의회에서는 숙고된 시민의 의사가 있었다면 결코 통과되지 않았을 많은 법안들이 통과되고, 시민들이 중요하게 생각하는 의제들은 상정조차 되지 못하는 일들이 벌어진다.

본인-대리인 문제로 발생하는 특수한 문제 가운데 하나가 정책 패키지 문제이다. 그런데 정책 패키지가 크면 최적의 조합을 선택하는 것이 불가능한 경우가 많다. 1998년 독일의 경우, 외국인 노동자 문제가 선거 시기에 가장 큰 이슈로 떠오르는 바람에 녹색당과 사민당은 많은 주에서 패배했다. 그런데 국민은 기민당보다 사민당과 녹색당의 환경노동정책을 선호했다. 마찬가지로 1976년과 1979년 선거에서 스웨덴 국민들도 사민당을 선호했지만 임금노동자기금안을 지지하지 않았기 때문에 사민당이 아닌 우파 정당의 손을 들어주었다.

선거에서 쟁점이 되는 것은 대리인들이 다루는 문제의 극히 일부에 불과하다. 하지만 정당들은 선거에서 승리하고 나면 나머지 엄청나게 광범위한 문제들을 자신들 마음대로 다룰 수 있는 상당한 여지를 갖는다. 시민들은 다음 선거까지 기다릴 수밖에 없는 데다 다음 선거에서도 쟁점이 된 몇 가지 사안에만 관심이 집중되므로, 대부분의 사안은 무엇이 잘못되었는지 검토조차 되지 않은 채 넘어가기 마련이다. 이러한 상황에서 이익집단들은 서로에게 유리한 정책을 통과시켜주기로 담합할 수 있고, 특히 자본가계급같이 정당에 유무형의 영향력을 행사하는 집단은 비록 소수라고 할지라도 막강한 힘을 갖는다.

또 다른 문제는 앞서 살펴본 정책 전환의 문제다. A를 하겠다고 당선되어놓고도 B를 하는 것이다. 그러고는 다음 선거 때가 되면 또 다른 소리를 한다. 그런데도 그것을 제대로 통제할 수 있는 권한이 시민들에게는 없다.

결국, 인민이 구체적인 정책 사안에 관해 대의자가 하는 일을 효율적으로 파악할 수 있는 정보 통로와 대의자를 책임 있게 견제할 수 있는 제도적 권한을 갖고 있지 않은 한, 대의자가 인민의 의사와 동떨어진 행동을 할 가능성은 클 수밖에 없다.

둘째, 선거와 투표는 즉각적이고 단기적인 선호를 일부 사안에 집중해서 반영하기 쉽다. 이는 두 가지 문제를 야기한다. 하나는 계몽된 이해에 결함이 생기게 한다. 다른 하나는 조작된 대중의 선호를 토대로 정당성을 꾸며낸다.

'심의'는 관련된 당사자들이 충분한 정보와 지식을 갖추고 비판적인 토론을 통해 해결책을 찾아가는 과정을 말한다. 개인적인 일상사에서도 정보가 부족한 상태에서 즉각적으로 결정했을 때보다, 얻을 수 있는 합리적인 정보들을 모두 고려한 후에 숙고해서 결정했을 때 보다 좋은 결과가 나온다. 마찬가지로 사회 전체 측면에서도 대중의 의사는 '심의'되었을 때 보다 좋은 결정을 내릴 수 있다.

그런데 지금의 대의민주주의는 시민에게 '심의'할 동기도, '심의'된 의사를 표출할 통로도 주지 않는다. 오직 대중의 막연하고 즉각적인 선호에 기반한 투표에만 강력한 권한을 부여한다. 게다가 그런 인상에 기초한 막연하고 즉각적인 선호는 정치가, 이념집단, 이익집단에 의해 조작될 수 있다. 머리에 쏙쏙 들어오는 캐치프레이즈를 퍼붓고, 악의적인 광고를 내보내고, 언론을 통해 쟁점의 본질을 흐리는 말을 쏟아내면 사람들은 쉽사리 속아 넘어간다. 이런 조작된 선호를 바탕으로 선출되면, 큰 관심의 대상이 되지 않은 많은 사안들을 마음대로 처리할 수 있다.

셋째, 선거와 투표는 의사 결정 과정을 왜곡할 수 있다. 이는 '평등한 투표권'과 '효과적 참여'에 결함이 있음을 암시한다.

일반적으로 대의제에서 의사 결정의 왜곡은 집단적인 의사 결정에 내재한 고유한 편향 때문에 생긴다. 어떤 정책은 전반적으로는 사회 전체에 불이익이지만 가장 관련이 많은 소수 집단에게는 이익일 수 있다. 그런데 그 정책 시행으로 다수가 아주 작은 불이익만 받을 경우 다수는 그 정책에 대해 자세히 알아보지도, 강력하게 반대하지도 않는다. 반대로 그 정책 시행으로 이익을 보는 소수는 정보도 꽉 쥐고 있고, 강력한 로비를 통해 특수 이익을 관철시킨다. 예를 들어, 세탁기를 만드는 회사가 경쟁 외국 회사 세탁기에 높은 관세를 매기는 정책을 로비하면서 '자국의 일자리 보호'라는 명분을 내세운다. 이 경우 세탁기 소비자들의 비용은 분산되고, 이 비용에 대해 자세히 알지도 못하므로 정당화 사유도 없는 보호무역 조치라도 쉽게 실시된다.

그러나 더 중요한 의사 결정 왜곡은 권력 불평등으로 인해 생긴다. 현실 사회에서 권력은 소수에 집중되어 있다. 특히 오늘날 자본주의사회에서 사회 권력은 자본을 가진 계급에 집중되어 있다. 우선, 이러한 자본의 집중은 정보 비용과 집단행동 비용에서 차이를 가져온다. 생산 자산을 가진 집단은 조직의 동기가 훨씬 강하다. 오염 물질 한 단위당

500원의 환경세 부과 같은 특정한 정책은, 다수의 분산된 무자산 성원들에게는 미미한 효과를 미칠지라도 그로 인해 이윤의 상당한 감소를 맞는 자본가계급에게는 커다란 관심사이다. 그러므로 자본을 가진 소수 집단은 정보를 탐색하고 집단행동을 개시할 적극적인 동기를 가진다. 즉 불균등한 자산 분포에 따른 불균등한 정치 참여가 유발된다.

다음으로 생산 자산의 분포뿐 아니라 다양한 문화적 자산과 압력 집단을 구성할 수 있는 자원의 불균등한 분포에 의해서도 정치적 의사결정 과정은 왜곡된다. 사회 구성원 가운데 사회적 지위가 높고, 자산이 많고, 권력이 있을수록 영향력을 행사할 통로를 더 많이 가진다. 반대로 사회적 지위가 낮고, 자산이 별로 없고, 권력이 없는 사회 구성원의 목소리는 제대로 대변되지 못한다. 이들은 정치에 압력을 넣을 만한 집단행동을 조직할 여력이 없다. 또한 스스로의 이해관계를 정확하게 포착하고 정교한 대안으로 정책화할 여력도 부족하다. 이들은 수도 많아서 의사를 조정하고 통일하기도 힘들다. 게다가 대중의 선호를 조작하려는 정치 엘리트들의 전략에 매우 쉽게 노출된다. 이 때문에 이들은 정치적 무력감에 시달린다. 공공 사안에 관해 무엇 하나 자기 생각대로 바꿔볼 수 없다는 상실감에 빠지는 것이다. 이런 정치적 무력감이 다시 더 낮은 수준의 정치 참여를 낳는다. 해봤자 소용없다는 생각 때문이다. 같은 처지에 있는 사람들이 이렇게 정치 참여를 하지 않으니, 정치에 대한 그들의 영향력은 더 작아진다. 그래서 더 큰 정치적 무력감이 재생산된다.

게다가 현대 대의민주주의의 운용에는 돈이 들기 때문에, 그 과정 자체가 돈 있는 사람에게 유리하게 되어 있다. 정당을 운영하고 선거에 출마하고 선거운동을 하는 데에는 큰돈이 소요된다. 그러므로 기업의 '기부금'이 정당의 주요 자금이 될 수 있다. 이러한 문제를 해결하려면 광범위한 시민들을 당원으로 모집해서 그 당비로 정당이 운영되어야 한다. 그러면 정당 운영에 당원들의 목소리가 상당한 영향력을 미친다. 그런데 사회적 지위가 낮고, 자산도 없고, 먹고살기에 바쁜 사람들은 대부분 당에 가입할 여력이 없다. 게다가 20세기 후반부터 대중정당의 구조는 점차 무너지고 있다. 정당은 몇몇 유명 정치인의 언동과 대중매체를 통한 선전으로 지지를 확보한다. 평당원에서부터 대의원을 거쳐 원내 의원까지 이어지는 의사소통 라인은 표를 얻는 데 점점 필요하지 않은 거추장스러운 짐으로 여겨지고 있다. 소수 선거 전략가, 대중매체 홍보팀을 통해 정치가나 정당에 대한 이미지나 인상을 어떻게 설정하느냐만이 중요한 일이 되어버렸다.

선거와 투표만으로는 본인-대리인 문제, 즉각적이고 조작된 선호가 영향력을 발휘하는 문제, 의사 결정 과정이 불공정하게 왜곡되는 문제를 제대로 해결하기 어렵다. 그래서 대의제의 핵심 미덕은 선거와 투표에 있는 것이 아니라 토론에 있다는 주장이 나오는 것이다. 선거와 투표로 선출된 공직자 사이의 토론과 그 공직자들의 토론에 영향을 미치는 시민사회의 토론에 있다는 주장 말이다.

클라로! 비판적 토론을 거부하는 문화

대의제는 의회의 토론, 그리고 의회의 토론에 영향을 미치는 시민사회의 토론을 그 중요 요소로 한다. 특히 대의제는 대표들이 의사 결정을 하기 전에 제대로 심의하는 것을 전제로 한다.

심의에는 몇 가지 조건이 따른다. 첫째, 사안을 결정할 때 고려해야 할 정보들을 교환한다. 둘째, 진지하게 추론 능력을 발휘한 과정과 결과를 공개하고 더 질 높은 추론을 격려한다. 셋째, 더 나은 근거에 의한 합의를 목표로 한다. 넷째, 이러한 합의에 도달하기 위해 새로 접한 정보와 추론을 토대로 견해를 변경하면서 공동의 숙고 과정을 거친다. 다섯째, 이러한 토의 과정을 거친 결론을 그러지 않은 결론보다 우월하다고 인정한다. 여섯째, 따라서 토론에 의해 견해가 변경될 수도 있다는 점을 당연한 것으로 받아들인다.

즉 어떤 사안을 곧바로 결정하지 않고 토론을 통해 더 나은 결과를 가져올 때에만, 토론을 보장하는 의사 결정 제도는 훌륭한 제도가 된다. 그러지 않고 목소리가 크거나 대중을 더 잘 선동하는 사람이 이기는 구도가 형성되면, 그 정치체제의 문제 해결 능력은 현저히 떨어진다. 또 그런 구도가 대의제의 심의 기구에 만연하면, 대의제의 심의 기능은 제대로 작동할 수 없다.

생산적인 대화를 위해 꼭 열정을 배제할 필요는 없다. 너무 차분하고 분석적이며 공정한 사람들은 신뢰를 얻지 못하고, 이슈에 대한 사람들의 관심을 높이는 데 실패할 수 있다. 열정은 이슈에 대해 더 엄격한 사고를 갖도록 하는 원동력이 될 수도 있다. 또 대화가 꼭 정확한 진행 규칙에 따라서 이루어질 필요도 없다.

비판적인 토론은 표면적으로 열정을 배제하고 규칙을 지킨다는 정신 이상의 것을 요구한다. 즉 토론에 참여하는 사람들이 서로의 정보를 교환하고 논리의 허점을 지적함으로써 토론 이전보다 더 나은 지식을 가질 수 있다는 신념, 지식은 비판적인 검토와 반증의 과정을 거쳐야 한다는 신념이 꼭 토대로 깔려 있어야 한다. 이러한 신념하에 사람들이 오직 더 나은 근거를 기반으로 합의하려는 목적에서 토론의 절차를 지킬 때, 비로소 심의를 가능케 하는 민주적 토론이 이루어진다.

하지만 안타깝게도 이러한 신념이 모든 사회에 보편화되어 있지는 않다. 알베르트 허쉬만은 심의민주주의에 특히 치명적일 수 있는 태도에 대해 다음과 같이 언급한 적이 있다.

많은 문화—내가 아는 라틴아메리카 문화를 포함해서—가 다른 사람들로부터 때때로 무언가를 배울 수 있다는 사실을 발견하는 것보다는, 사실상 모든 것에 대해 처음부터 확고한 견해를 지니는 것에 상당한 가치를 부여한다. 그런 점에서 그들은 기본적으로 민주정치보다 권위주의 정치에 경도되어 있다.[1]

디에고 감베타는 이 태도를 "클라로Claro 문화"라고 지칭한다. '클라로'는 스페인어로 "명백하군!", "나는 전부 알고 있었어!", "네가 말하는 것 중 어느 것도 놀랍지 않아" 정도의 뜻이다. 결국 클라로 문화는, 확신을 가지지 않고 이야기하는 사람을 얕보며 닦아세우는 태도가 만연한 문화를 말한다.[2]

사람들이 어떤 의제에 대해 의견을 주고받는 활동은 두 유형으로 나뉜다. 하나는 토론 유형, 다른 하나는 교섭 유형이다. 둘 다 합의를 지향하지만 합의의 이유는 다르다. 토론에서는 무엇이 사실로서 정확하고, 규범으로서 타당한가를 뒷받침하는 근거에 의해 합의에 이르려고 한다. 반면에 교섭이나 협상에서는 참가자 각자가 어떤 진영에 있는가, 각 진영은 어떤 힘을 가지고 있는가, 그 힘을 어떤 방식으로 발휘해 위협할 것인가, 그 위협이 실제로 실현될 가능성은 얼마나 있는가, 그런 위협의 실현 가능성을 염두에 두었을 때 어디서 타협을 하는 것이 유용한가가 합의의 관건이 된다. 그런데 클라로 문화에서는 토론 유형이 교섭 유형에 쉽게 밀려난다.

교섭 유형에서 사람들은 위협과 약속이 공언될 때에는 귀를 쫑긋 세운다. 그러나 다른 사람이 논증을 시작할라치면, 잘 들어보고 합리적일 경우 자신의 견해를 바꿀 수도 있다는 생각을 하기는커녕 애초에 경청조차 하지 않는다. 이 문화는 민주주의 정치에서 말하는 '공동의 이익'을 '힘의 분포에 따라 낙찰된 타협'으로 변질시킨다.

왜 이런 문화에서 사람들은 모든 것에 대해 처음부터 강한 의견을 갖는 것, 그리고 그 의견을 변경하지 않고 고수하는 것에 가치를 두는가? 디에고 감베타는 이 문제를 탐구하기 위해 오직 한 가지 측면에서 다른 두 사회를 생각해보라고 한다. 각 사회는 지식에 대한 두 가지 가정에 의해 통치된다. 첫 번째 유형의 사회에서 지식은 분석적인 것으로 간주된다.* 분석적 지식은 꼭 직업적이거나 전문적일 필요는 없지만 훌륭한 추론, 실증적 검증 그리고 일반적으로 수고를 들여야만 얻을 수 있는 것이다. 그리고 분석적 지식은 가설적이고 임시적인 것으로 생각

---

* 여기서 감베타는 철학에서 이야기하는 종합적인 것과 대조되는 의미의 분석적인 것을 이야기하는 것이 아니다. 정당화 근거를 가지고 널리 체계적인 추론에 의해 획득되는 지식을 분석적인 것으로 일컫고 있다.

된다.

사람들이 지식을 이렇게 정의할 때는, 어떤 사람이 특정 영역의 지식을 모르고 있다 해도 불명예가 아니다. 아무도 그 사람이 다른 영역에서도 무지할 것이라고 미루어 짐작하지 않는다. 무식한 사람이란 불명예를 뒤집어쓰지 않는 것이다.

반면에 두 번째 유형의 사회에서 지식은 한 덩어리, 즉 전일적全一的인 것으로 여겨진다. 어떤 사안에 대해 알거나 모르는 것은 전부에 대해 알거나 모른다는 의미다. 하나를 모른다는 것은 단순히 특정 영역에 대한 무지만을 나타내지 않는다. 교양이 없다는 뜻이다. 감베타는 이를 "지표적" 태도라고 명명했다. 즉 하나의 지식의 부재는 전반적인 지식의 부재, 즉 무식함을 가리키는 '지표'라고 이해한다는 것이다.

그런데 현대는 과학의 시대다. 과학은 분석적 지식을 추구하는 활동이다. 과학의 시대에 지표적 태도를 가지는 것은 일면 어이없는 짓이다. 사람이 알아야 할 중요한 것은 다 알고 있었던 마지막 인간은 라이프니츠였다. 하지만 그런 비슷한 일은 더 이상 실현 가능하지 않다. 그런데도 이 과학의 시대에 지표적 태도가 지배적이다.

논증의 진정성이나 지식의 깊이를 검증받지 못한 사람들이 정치 논설 지면을 가득 채운다. 권력을 쥔 정치가들은 별 토대도 없이 개념을 창조하고는, 그 개념에 따라 세계를 주조하려고 한다. 분석적 태도가 지배적인 사회라면, 그들의 의견은 편의점에 담배 사러 나온 이웃집 아저씨가 피력한 의견과 동일하게 취급될 것이다. 그러나 미디어는 그러한 견해를 분석적으로 뜯어보지 않고 단순히 노출시킬 뿐이다. 빈번한 노출은 그 견해에 자동으로 신뢰성을 더해준다. 사람들은 노출의 빈번함이 그 견해의 옳음을 보증해준다고 착각한다. 이렇게 형성된 확신을 가지고 일상적인 대화에서 논쟁이라도 벌어지면, 사람들은 한 치도 물러서지 않는다. 타당한 근거에 의해 견해를 바꾸거나 확신을 재고하는 것은, 스스로의 무식을 인정하는 굴욕이라고 생각한다.

감베타는 지표적 태도가 만연하면, 이것이 다시 지표적 지식 행동을 야기하는 유인 구조를 구축한다고 지적한다. 어리석고 무식한 사람으로 찍히는 것은 유쾌한 일이 아니다. 총체적 유식과 무식을 경쟁하는 게임은 잘못된 것이라고 거부하면, 무식을 고백하고 기권하는 것으로 받아들여진다. 따라서 사람들은 점점 더 지표적 지식 게임에 더 많이 참가하도록 유인된다. 그리고 일단 게임에 참가해 그 태도에 젖어든 사람들은, 다른 사람들에게 명예와 불명예의 자의식을 자극하는 언설을 퍼붓기 쉽다.

지식에 대한 지표적 태도는 여러 측면에서 민주적 토론에 파괴적인 영향을 미친다.

첫째, 강한 견해를 부추긴다. 견해가 강하다는 것은, 의심의 뉘앙스도 허용치 않는 최종적인 입장으로 견해가 표현된다는 뜻이다. 지표적 태도가 만연한 사회에서 약한 견해에 대한 선택지는 없다. 강한 견해를 밝히거나 침묵하는 것만이 선택지로 주어진다. 침묵하면 최소한 명예를 잃지는 않기 때문이다. 그러므로 논의의 장에는 오로지 강한 견해만이 출현해 서로 충돌한다.

둘째, 모든 것에 대해 의견을 갖도록 부추긴다. 감베타는 이탈리아 남부에서 경험적으로 즉각 검증될 수 없는 질문을 던졌을 때 사람들이 항상 대답을 한다는 점을 지적한다. 정확한 답을 모른다 할지라도, 추측해서 막연한 답이라도 해야만 한다. 질문은 도전이고, "나는 몰라요"는 패배다.

셋째, 처음부터 확정된 견해를 가질 것을 부추긴다. 이는 자신의 지식을 스스로 의심하는 태도를 보이는 것 자체가 '지고 들어가는 것'으로 간주되는 문화의 당연한 귀결이다. 지식에 대한 분석적 태도가 만연한 사회에서는 중요한 사안에 대해 즉답을 하는 일이 오히려 경솔한 짓으로 간주된다. 누군가가 두고두고 토의해야 할 사안에 즉답을 하고 그 견해를 절대 바꾸지 않는다면, 그는 지적이지 못한 사람으로 여겨진다. 반면에 지표적 태도가 만연한 사회에서는 사고가 정리되지 않은 사람조차도 다시 문제를 재고하고 추론하는 데 시간을 할애하지 않는다. 이런 사회에서 조금이라도 비판을 인정하고 받아들이는 것은 몰락을 뜻하기 때문이다.

그런데 처음부터 확정된 견해가 그리 튼튼하지 않으면 어떻게 될까. 당연히 논점을 일탈하거나, 수사적으로 상대의 말꼬리를 물고 늘어지는 식의 전략을 쓸 것이다. 아니면 자신감 있는 표정으로 목소리를 높여 같은 말을 계속 반복하거나. 생산적으로 견해를 정교하게 다듬고 수정하는 태도보다 군건하게 호통치는 일관된 자세가 그 견해의 타당성을 보증한다고 여기는 것이다.

그 결과 지표적 사회는 여러 부작용을 낳는다. 첫째, 지표적 사회에서는 분석적 사회보다 지식이 축적되기 힘들다. 토론과 상호작용이 비판적인 과정이 되지 못하기 때문이다. 대신에 처음부터 확고하게 표명된 부적절하고 혼란스러운 의견들을 처치하는 싸움에 많은 정력이 소모된다. 사회 전체의 의사소통 비용이 높아지는 것이다. 수십 번의 의견 교환이 이루어져도 더 나은 근거에 의한 타당한 합의는 도출되지 않는다. 남는 것은 인신공격과 모욕당했다는 앙금, 그리고 서로 간에 더 깊어진 불신과 더 선명해진 입장 차이밖에 없다.

둘째, 공적 토론에는 사람들이 덜 참여하는 반면, 사적인 모임에선 의견이 같은 사람들끼리 이미 가진 확신을 강화하는 상호작용이 활발해진다. 공적 토론은 수치심과 갈등으로 인한 스트레스를 겪을지 모르는 불안한 장이 된다. 처음 표명했던 견해의 결함이 드러나면 어떻게 하나? 그러므로 공적 토론에 참가하는 것은 자신의 명예를 건 도박이 되는 셈이다. 반면에 잘난 척 뻐기면서 이야기를 늘어놓을 수 있는 사적 공간에서는 '썰 풀기'가 이어진다. 세상을 하룻저녁에도 수십 번 들었다 놓았다 하며 모든 사람들을 한 방에 비판하고, 세계를 구원할 해결책을 한 방에 제시한다. 자신과 의견이 같다는 것이 이미 확인된 사람들이나, 의견이 달라도 자신에게 도전할 수 없는 사람들에게는 확신에 찬 자신의 견해를 끝도 없이 늘어놓는다.

셋째, 많은 사람들을 상대로 발언해야 하는 지위에 있는 사람들, 즉 전문가, 학자, 정치가들에게는 모든 문제에 대해 강한 견해를 가져야 한다는 압박이 가해진다. 그리고 이들 가운데 그런 압박을 수용해 항상 강한 견해를 내세우면서도 자신의 무지를 드러낼 공박을 솜씨 좋게 빠져나가는 사람들이 대중매체의 조명을 받는다. 그러므로 대중매체가 보여주는 토론의 모범이라는 것은 바로 지표적 태도를 지닌 사람들의 상호 공방일 뿐이다. 논증과 추론, 깊이 있는 지식의 공유가 아니라, 상대를 압도하고 공박한 듯한 인상을 주는 기술이 식자의 조건으로 여겨진다.

넷째, 그 결과 공격적이고 완고한 행동을 제재하는 규범이 약해진다. 정치가, 학자, 전문가들 모두가 사람들에게 나쁜 선례를 보여준다. 이에 사람들은 생산적인 방식으로 지표적 사회의 전형적 행동 양식에 반하는 규범을 지킬 아무런 유인도 갖지 못한다. 이런 사회에서 자존심에 근거한 논변과 합리적 이유에 근거한 논변의 구분은 희미해진다.

다섯째, 한번 표명한 견해를 바꾸는 것이 더 힘들어진다. 약한 견해를 표명한 사람은 처음부터 자신이 견해를 바꿀 수도 있다는 점을 보여준 것이므로, 더 나은 근거에 의해 견해를 변경하기가 힘들지 않다. 반면에 강한 견해를 표명하면, 그 사람의 명예는 그 견해의 흥망에 묶인다. 그러므로 지표적 사회에서 사람들은 잘못된 견해에 묶여 무슨 수단을 동원해서라도 그것을 지켜내려는 동기를 갖는다.

여섯째, 비판적 토론이 설 자리를 잃고 힘에 의한 협상이 언어적 상호작용의 큰 부분을 차지한다. 자신의 견해를 강하게 관철시키려는 태도는 토론과 맞지 않다. 반면에 힘에 의한 협상과는 아주 잘 어울린다. 또한 공적 생활에서 원칙에 관한 진지한 토론을 몰아내는 반면 교섭과는 매우 잘 결합한다. 공개적인 장소에서는 강한 견해를 표명해놓고 비공개적인 장소에서 물밑 교섭을 진행하는 것이다. 토론이 생산적인 합의를 이끌어낼 가능성이 낮기 때문에 협상이 주된 상호작용이 된다. 협상은 결국 이미 힘을 가지고 있는 사람들에게 유리하게 작동하므로, 정치 과정이 반복될수록 사회는 덜 공정하고 더 갈등하는 곳으로 변모한다.

일곱째, 많은 구성원들이 권위주의 정치를 바라게 된다. 지난한 정치적 상호작용은 힘 있는 사람이 더 많은 것을 가져가는 협상 결과만을 낳을 뿐이기 때문이다. 또한 서로의 명예만 할퀴는 우기기가 난무하는 난잡한 정치체제에 대한 피로감은 어떤 질서를 세워줄 강한 권위에 강하게 끌리게 한다. 즉 지표적 태도가 광범위하게 퍼져 있는 사회에서는 민주적인 의회와 행정부, 시민사회의 토론이 무슨 소용이냐, 강력한 독재로 무언가를 실질적으로 이루는 게 낫다는 생각이 쉽게 대두된다.

이처럼 지표적 문화가 문제라면, 민주주의를 위한 해법을 과연 문화 내부에서 찾을 수 있을까? 문화 내부에선 변화의 동력을 만들어내기 어렵다. 정치제도 자체가 지표적 문화를 계속 강화하는 피드백 작용을 하기 때문이다. 특히 정당이나 이념 진영을 중심으로 격렬한 대치가 정치 생활의 일상이 될 때에는, 쟁점에 대한 토론보다는 얼마나 상대방의 위신을 무너뜨리고 압도하느냐가 주된 관심사가 된다. 지표적 문화는 지식에 대한 다른 태도가 제도적인 영향력을 가질 때 바뀔 수 있다.

그런데 현재 대한민국의 대의제는 지식에 대한 분석적 태도가 우월한 영향력을 가지는 제도적 장치를 갖추고 있지 못하다. 위원회나 본회의 토론에서 어리석고 무식한 의견을 고집하며 내세우는 의원이 있다 하더라도, 다수당에 속해 있으면 그 의견은 쉽게 관철될 수 있다. 정당에서 내부적으로 정한 입장을 아무런 의사 변화 없이 줄기차게 주장한다고 해서 불이익이나 제재를 받는 것도 아니다. 그런데 다수당이라고 해서 그 정당이 추구하는 정책이 모두 옳다는 보증은 없다. 다수당인 것을 기화로 어리석거나 편파적인 정책을 도입할 수도 있다. 의회 내에는 이러한 전횡을 막을 수 있는 효과적인 힘이 없다. 그 힘은 바깥에서 와야 한다. 그러나 그 바깥도 그냥 바깥이어서는 안 된다. 지표적 태도를 가지고 고도로 적대하는 시민들이 서로 자기 진영에서 동원되기만

한다면 문제는 악화된다.

　반면에 의회 바깥의 시민들이 지식에 대한 분석적 태도를 가지고, 지표적 태도를 내세우며 힘으로 밀어붙이는 의원들을 제대로 포착하고 제재한다면 사태는 달라질 것이다. 즉 현대 대의민주주의 체제에서 분석적이고 비판적인 태도로 문제 해결에 접근하는 시민들의 영향력이 커진다면 말이다. 그러나 실제로는 그렇지 않다. 시민들 역시 지표적 태도에 물들 수밖에 없다. 시민들 사이에서도 숙고된 의사가 더 존중받는 제도적 장치가 없기 때문이다. 그래서 대표들은 끊임없이 그럴듯한 말, 상징, 이미지를 퍼부어 숙고되지 않은 다수의 견해를 자신들에게 유리하게 조작한다. 그러고는 국민들이 자신의 편을 들고 있다면서 다시 의회 토론에서 입지를 강화한다. 이것이 바로 여론 정치의 문제다.

커뮤니케이션 구조와 여론 정치

여론 정치란 여론조사가 발표하는 수치를 '인민의 의사'로 추정하는 정치를 말한다. 오늘날 대중매체나 정치가들의 수사에서는 여론조사의 수치가 곧 '인민의 의사'다. 어떤 정책에 찬성하는 여론이 50퍼센트를 넘으면 그 정책의 실행이 곧 인민의 의사다. 어떤 정책에 찬성하는 여론이 40퍼센트, 반대하는 여론이 40퍼센트라면 인민의 의사는 반분된 것이다. 이렇게 여론 수치에서 다수를 차지하는 견해를 '인민의 의사'로 추정하는 일은, 하나의 정보 흐름 모델을 전제로 한다. 이 모델에서는 모든 구성원이 모든 사안과 관련해 동일한 정보처리 능력을 지닌다. 또한 모든 구성원이 모든 사안에 관해 같은 정도로 안다. 만약에 이 모델이 옳다면, 여론 정치는 우리가 생각할 수 있는 최선의 정치체제일 것이고, 여론 수치를 '인민의 의사'로 추정하는 것은 규범적으로 최선의 전략일 것이다.

그러나 현실을 조금이라도 둘러보면, 각 분야에 대한 사람들의 정보 처리 능력이 동일하다고 보는 전제가 얼마나 비현실적인 가정인지 명백히 알 수 있다. 대부분의 사람들은 언론에서 한참 동안 중심 이슈가 되고, 집중적으로 보도 대상이 된 사안에 대해서도 그 기본 쟁점조차 잘 파악하지 못하는 경우가 많다. 갖고 있는 것은 막연한 이미지와 피로감뿐이다. 사실 개인사에 대해서도 숙지와 숙고의 시간 없이 재촉의 결과로 나온 의견을 자신의 의견이라고 하기는 꺼림칙하다. 그렇다면 개인사를 넘어 다른 사람들의 삶까지 포함하는 중대한 정책 사안에 대해, 충분한 정보가 없어 문제를 제대로 파악하지도, 여러 해결책을 충분히 숙고해보지도 못한 사람들이 자주 접하는 집단의 지배적 의견이나 직감에 의존해 제시한 의견을 인민의 의사라고 보는 것은 분명 문제가 있다.

그런데 왜 사람들은 충분한 정보와 숙고된 견해가 없는가? 이는 두 가지 측면에서 볼 수 있다. 하나는 '못한다'는 것이고, 다른 하나는 '하지 않는다'는 것이다. '못한다'는 것은, 여러 공공 의제에 관심도 갖고 싶고, 결정에도 참여하고 싶고, 영향력도 행사하고 싶지만 먹고살기 바쁜 데다 자세히 가르쳐주는 사람도 없어서 그냥 못하는 것이다. 그럼 '하지 않는다'는 것은? 어떤 사안에 관해 더 많이 알면 뭐 하는가? 그래봤자 자신이 끼칠 수 있는 영향력은 거의 제로에 가깝다. 여론조사에 응답한다고 해서 그 답이 무슨 의미 있는 영향력을 갖는 것도 아니다. 게다가 여론조사기관이 자신을 인터뷰하는 일은 일생에 몇 번 있을까 말까 한 일이다. 그걸 위해서 열심히 알아보고 고민할 필요가 있는가. 뿐만 아니라 자주 여론조사의 대상이 된다고 해도 자신이 전체 여론조사에서 차지하는 비중은 미미하다. 그 문제에 대해 알아보고 고민하지 않은 사람과 의견의 비중은 늘 같다. 그러니 도대체가 본전이 남지 않는 장사다. 한마디로 숙지하고 숙고해도 그것을 활용할 기회가 없고, 활용한다고 하더라도 중요하게 취급되지 않는다. 더 나아가 자신에게 직접 이익으로 돌아오는 것은 무시해도 될 만큼 적은 수준이다. 따라서 거의 모든 사안에 대해 대충 지나가며 주워들은 바로 확신을 얻는 정도로 만족한다.

자신의 이해관계가 직접 연관되는 사안에 대해서는 상대적으로 다소라도 정보를 얻으려고 하는데, 이로 인해 정보와 추론의 편향은 더욱 강해진다. 예를 들어, 사람들은 다른 직역職域과 관련된 정책 사안은 폄하하고 알아보려는 노력을 거의 하지 않지만, 자신의 직역과 관련된 문제에는 열심히 자료도 읽고, 팸플릿을 제작하고, 단체에 돈도 내고, 집회까지 참석한다. 그러나 그러한 행위의 토대가 된 정보나 추론은 분파 이익 때문에 왜곡되었을 수 있다. 그렇다고 그 직역에 속하지 않는 사람들의 이익이 곧 타당한 것도 아니다. 다른 집단의 이익에 부당하게 손해가 되는 것이라도 자신에게 손해가 되지 않는다는 이유로 안이하게 정당한 것으로 생각하려는 경향이 있기 때문이다. 즉 쟁점에 상대적으로 더 밀착해 있는 쪽이건 덜 밀착해 있는 쪽이건, 주장을 뒷받침하는 사실이 선별적이거나 왜곡될 위험, 전제되는 규범이 보편적이지 않을 위험에 빠질 수 있다.

물론 충분한 정보와 숙고된 견해를 갖게 하는 동기도 존재한다. 사람들은 자신이 지금 직면한 일 이외의 일도 이해하려는 욕구가 있다. 또 자신이 확신하고 주장하는 바가 타당한 기초 위에 있기를 바란다. 민주주의 사회의 구성원으로서 이런저런 방식으로 공론의 장에 참여하려는 의식이 사회 전체에서 완전히 사라지는 일은 좀체로 없다. 사람들은 공공 사안의 많은 문제들이 자신의 삶과 직결된다고 느끼는 경우가 많다. 최저임금, 대학 등록금, 해고 제도, 비정규직 제도, 안전 규제, 대규모 개발 등의 의제가 대표적이다. 또한 많은 사람들이 자신과 직접 관련되는 의제를 비롯해 여러 의제들에 적용되는 정책 경향이나 원칙이 서로 연결되어 있음을 잘 이해하고 있다. 그래서 그 논증이 성공적이든 아니든, 자신의 주장을 보다 일반적인 원리에 의해 뒷받침하려고 한다. 그렇기 때문에 모든 정치 의제, 공공 사안들에 대해 '자신의 이익과 직접적으로 연관이 없는데도' 상당한 정보와 숙고된 견해를 갖고 있는 집단이 존재한다. 이러한 집단이 나머지 구성원들과 정보와 추론을 공유할 기회를 널리 가질 때, 구성원들이 숙고된 의견을 형성할 수 있는 전반적인 토대가 개선된다.

사람들은 책을 읽고, 블로그의 글을 읽고, 주간지를 읽고, 논문을 찾아보고, 토론을 하기도 한다. 이런 이유들 때문에 실제로 의제의 쟁점이 상대적으로 명료하게 표현되고, 언론을 비롯한 의사소통 통로가 제 역할을 할 경우 보통 시민들의 의견은 상당한 타당성을 보여줄 수 있다. 실제로 꽤 많은 사안들에서 시민들의 여론조사 결과는, 소수 권력자의 견해에 복속되어 자신의 의견을 표명하는 의회 구성원들의 다수 견해보다 나은 식견을 보여주기도 한다. 시민들은 자기 의견의 타당성만을 검토하면 되지, 그것이 정치적 경력의 성공을 좌우할 소수 권력자의 마음에 드는가를 재고해봐야 할 이유가 없기 때문이다.

결국 문제의 핵심은 여론조사로 드러나는 구성원들의 의견이 언제나 형편없다는 점에 있지 않다. 오히려 핵심은 숙고한 구성원과 숙고하지 않은 구성원의 의견을 구별할 수 없다는 점이다. 그리고 자신의 이해관계와 당파적 입지 때문에 사실과 규범을 왜곡해서 받아들이고도 그것을 토론을 통해 수정할 기회가 없다는 점이다. 그러므로 어느 때 누구의 의견이 계몽된 이해의 기준에서 그들의 온전한 의사를 대변하는지 가려낼 방법이 없다.

물론 일부 사람들은 여론에 더 많은 영향을 미친다. 그러나 '여론에 영향을 미칠 매체'를 확보하고 있는 정도와 그 정책 사안에 대해 그 사람이 가진 견해의 숙고 정도는 비례하지 않는다. 가장 위력이 큰 대중매체를 통해 여론에 큰 영향을 미치는 지위에 있는 사람들 가운데 많은 이들이 부족한 지식에 비해 지나친 확신을 갖고 있다. 그들은 매너리즘에 빠져 쉴 새 없이 말들을 쏟아내며 모든 분야에 대해 말하려고 한다. 그 결과 흔히 잘못된 정보를 옮기거나 피상적인 지식을 전달하는 매개체가 되어버린다. 심지어 잘못된 확신에 기반해 의도적으로 더 심층적인 연구를 한 사람들의 견해를 편향되게 노출시키기도 한다.

어떤 사안에 대해 숙고된 견해를 가진 사람들은 몇 가지 특성을 보인다. 주요 대중매체 이외의 독립적인 지식 획득 통로를 갖고 있는 이 사람들은 대중매체의 의견을 비판적으로 판독할 수 있는 능력을 갖추고 있다. 이들은 여러 대중매체가 제시하는 내용을 비교해서 판단한다.

또한 대중매체가 어떤 문제를 다루기 이전부터 자신이 관심 있는 몇 몇 의제들에 대해 숙고된 견해를 가진다. 이들은 대중매체가 어떤 정책 사안을 다룰 때까지 수동적으로 기다리고 있지만은 않는다. 하나의 매체가 잘 모르던 사안에 대해 관심을 촉발시켰다 하더라도, 다른 매체를 비롯해 책, 논문, 보고서 등 여러 정보 경로를 충분히 활용한 이후에 그 사안에 대한 의견을 정한다. 정보와 추론을 비교하고 판단할 수 있는 능력을 기르기 위해, 평소에 기초 개념과 추론 방식에 대한 공부를 꾸준히 한다. 또한 이들은 홀로 생각한 것을 고집하거나 준거 집단으로 삼은 다른 사람들의 견해를 그저 따라가는 대신, 정확한 사실과 타당한 규범을 발견하고자 하는 사람들과 토론을 통해 계속 자신의 견해를 수정한다. 이들을 짧게 통칭하여 '숙고한 공중'이라고 부를 수 있다.

반면에, 숙고하지 않은 대중은 대중매체가 제공하는 정보, 정치인과 이익집단, 이념집단이 제공하는 수사와 불완전한 정보를 기반으로, 평소 자신의 경향성에 맞춰 성급히 결론을 낸다. 정확한 정보와 부정확한 정보는 구분되지 않으며, 추론의 타당성과 부당성 역시 고려되지 않는다. 이러한 구분과 고려에 대한 기초 능력이 부족하기 때문이다. 그들은 대부분 매체를 이미 확립된 자신의 견해를 더욱 강화하기 위한 용도로 사용한다.

혹시 숙고한 공중의 의견이 정보 통신망을 통해 숙고하지 않은 대중에게 퍼져나가는 통로가 있지는 않을까. 그러나 인터넷은 쌍방향적이고 분산적인 의사소통 모델을 구현하지 못한다. 인터넷의 '정보검색 기능'의 도구적 역할을 논외로 하면, 토론 게시판이나 댓글 또는 SNS로 대표되는 인터넷의 커뮤니케이션 공간은 공공 심의를 하기에 대단히 부적합하다. 지나치게 간략하고 짧은 정보만이 소통되기에 알맞기 때문이다. 그래서 인터넷 역시 사람들이 이미 가지고 있는 성향을 확인받고 배설하며 그에 맞는 보충적인 정보, 심지어 거짓 정보를 얻기 위해 활용되는 공간이 되기 십상이다.

물론 광활한 인터넷 공간에는 분명 숙고된 의견을 보여주는 곳도 많다. 그러나 그 공간은 빈번하게 검색되거나 접속되지 않는다. 대부분의 인기 있는 공간은 넷상에서 다수 의견을 접한 사람들의 오류, 거짓, 과장, 욕설이 난무한 게시물로 가득 차 있고, 때때로 적의에 찬 짧은 난투가 끼여 있을 뿐이다. 오히려 최근의 경향으로 보건대, 인터넷은 토론이 아니라 '문제 제기'와 '동원'의 정치에 적합한 공간이다. 불만이 폭발하면 '퍼 나르기'를 통해 대중이 그 불만을 가장 집약적으로 잘 표현한 글을 퍼뜨리고, 분노도 글이 퍼져나가는 속도에 맞춰 집약된다. 인터넷상의 분노가 가장 큰 현실 정치력을 갖는 것은, 결국 그렇게 결집된 이들이 광장에 모여 집회를 열 때다. 따라서 인터넷이 새로운 동원과 결집의 가능성을 제공했다는 것은 분명한 진실이다. 하지만 새로운 종류의 정치적 심의 공간을 제공한다는 것은 거짓이다.

만약 전국의 국민이 모든 사안에 대해 숙고한 공중이 된다면 의사의 조작이나 즉각적 선호 문제는 발생하지 않을 것이다. 그러나 이는 유토피아적 상상일 뿐이다. 현재의 커뮤니케이션 구조에서 숙고한 공중은 소수다. 따라서 여론 몰이를 하고 싶은 사람은, 다수를 차지하는 숙고하지 않은 대중을 타깃으로 삼는다.

어떤 정책에 반대해 여론 몰이를 하고 싶어하는 집단이 있다고 해보자. 하지만 그 정책은 그와 유사한 사안들을 규율하는 원리로 공평하고 효율적인 것이다. 그럼에도 반대 집단은 그 정책을 도입하면 자신들의 이익이 축소되거나 자신들이 고수하는 이념에 맞지 않기 때문에 극력 반대한다. 그들은 최대한 자원과 노력을 집중해 여론에 개입한다.[3] 이들이 동원하는 공익의 외장外裝에 숙고하지 않은 대중은 휘둘리기 쉽다. 정치적 토론이 여러 처지에 있는 구성원들의 숙고된 의사를 온전하게 대변할수록, 이러한 기획은 성공할 가능성이 낮아진다. 그러나 만일 정치적 토론이 짧고 간략한 수사, 불완전한 정보가 산만하게 만들어내는 이미지에 지배된다면, 그리고 여론조사가 그러한 이미지에 휘둘리는 사람과 정확한 정보를 기초로 타당하게 추론하는 사람을 구별할 수 없다면, 반대 집단이 토론의 결과에 미칠 수 있는 영향력은 커진다.

반대 집단은 여러 위장막을 써서, '일반 국민이 그 정책에 대해 이렇게 생각하고 문제 제기한다'는 현상을 만들어낸다. 언론은 그것을 보도하며 논쟁의 대립 구도를 부각시킨다. 언론은 반복해서 반대 집단의 언어를 그대로 내보내고, 그것이 내포하는 함의를 널리 퍼뜨린다. 그 결과, 대중이 그 정책에 반대한다는 위장된 신호가 정치 영역에 수신된다. 이제 반대 집단은 전격적으로 반대를 조직한다. 슬로건을 되풀이하며 집회를 하고, 토론을 하고, 자료를 모으고, 공격한다. 이와 같이 다른 사람들이 반대를 고려하고 있다는 신호를 자주 접하면, 숙고하지 않은 대중은 정책 반대를 비중 있게 생각하다 급기야 실제로 반대로 돌아선다. 그러나 이 모든 소동의 소용돌이 속에서 사람들은 실제로 사안을 정확하게 이해하고 검토하고 견해를 바꾼 것이 아니다. 그저 사람들이 접하는 그 정책과 관련된 전반적인 분위기가 이리저리 바뀌었던 것뿐이다.

이런 현상 때문에 여론 정치에서 여론이 갖는 지위는 매우 모호하다. 어떨 때에는 절대적인 정당성을 가진 '일반의지'*로 칭송된다. 하지만 어떨 때에는 일시적인 경향일 뿐 실제 정책이 시행되면 곧 바뀌게 마련인 변덕으로 폄하된다. 여론이 변덕스러운 만큼이나 여론에 대한 정치인들의 태도도 변덕스럽다. 여론 자체가 가변적이기 때문에, 정치 엘리트들은 여론이 변할 것을 기대하면서 행동한다. 정책 내용은 슬며시 숨기고, 그 정책과 관련해서 대립하는 정치집단을 매도하는 언어를 퍼붓는 식으로 말이다.

사람들은 공공 사안에 대해 상세한 지식이 없기 때문에,[4] 그것을 다루는 전반적인 분위기에 민감하게 반응한다. 여론조사 결과 자체도 단순히 질문을 던지는 방식에 따라 완전히 달라질 수 있다. 긍정적인 개념을 쓰는지, 대립하는 선택지를 어떻게 제시하는지, 묻는 순서가 어떤지에 따라 결과는 쉽게 바뀔 수 있다.

이라크전쟁은 여론 정치의 취약함을 다시 한 번 보여주었다. 부시 행정부가 이라크 침공을 감행했을 당시 다수의 미국인은 전쟁에 찬성했다. 그런데 찬성 이유 중 결정적인 것이 이라크가 9·11 테러를 지원했다는 것이었다. "2003년 미국인의 80퍼센트가 이라크전쟁을 지지한 가장 큰 이유는 사담 후세인이 알카에다와 연계되어 있다는 믿음 때문"이었다. 하지만 그것은 거짓이었다. 전쟁 개시 이전에도 아무런 근

---

* 일반의지一般意志는 자크 루소가 『사회계약론』에서 사용한 개념으로, 시민들이 자신의 특수한 이익을 도모하는 성향을 버리고 보편적인 자유와 번영을 목적으로 최선인 것을 추구하는 의지이다. 루소는 특수의지의 단순한 합은 일반의지가 아니라고 했지만, 특수의지들이 상쇄될 수 있다면 그 합으로 일반의지가 남을 수도 있다고 했다.

거가 없는 유언비어였다. 그런데 이러한 명백한 거짓말을 미국인들의 반수 이상은 전쟁이 시작된 이후에도 오랜 기간 계속 믿었다.[5] 대량 살상 무기에 대한 잘못된 신념도 마찬가지였다. 두 이유 다 당시 믿을 만한 근거가 없었고, 이후 확실한 거짓으로 드러났다. 그러나 일방적 정보에 근거해 감성적으로 한껏 고조되어 있던 미국 국민은 압도적인 지지로 이라크전쟁에 찬성했다. 이 과정에서 '심의'는 고사하고, 단순히 반대 의견을 제시하고 보도하는 것만으로도 언론사에서 쫓겨나고 대중의 광폭한 비난을 받는 등의 일이 벌어졌다.

이처럼 극히 중대한 문제와 관련된 여론조차 신뢰할 수 없다면, 여론조사로 확인되는 여론에 공식적인 제도적 권위를 주는 것은 현명한 일이 아닐 것이다. 여론이 상당한 영향력을 가진 것처럼 보이는 사회에서도, 그 영향력의 근원은 개개 시민의 합리적인 숙고와 의사 결정이 아니다. 엘리트와 이익집단, 대중매체의 조작과 왜곡에 취약하게 노출되어 변덕스러움을 연발하는, 필요할 때만 지지 자원으로 이용되는 정보일 뿐이다.

이런 식의 여론 의존형 대의민주주의는 신뢰할 수 없는 두 가지 취약한 판단의 조합으로 운용된다. 하나는 정보가 불충분한 상태에서 무관심하거나 혹은 완고한 고집에 의해 형성된 여론의 판단이다. 다른 하나는 효과적인 제어장치가 없고, 능동적으로 여론을 조작하려는 대의자의 판단이다. 이 판단의 취약함은 서로 상호작용한다. 여론의 판단이 신뢰할 수 없고 조작에 취약하기 때문에, 그것은 체계적인 제도적 지위를 얻지 못한다. 그 결과 대의자들은 필요한 여론의 제어를 제대로 받지 못하므로 그들의 판단도 취약해진다.

새로운 민주주의 제도는 이러한 취약점을 제대로 개선할 수 있어야 한다. 또한 사람들이 공공 사안에 따라 그것을 숙지하고 추론의 규칙에 따라 논의할 수 있는 여유나 능력에서 차이가 날 수 있다는 점을 고려해야 한다. 그러지 않고 무분별하게 모든 의사를 취합한다면, 취약점은 개선되지 않을 것이다. 새로운 제도는 첫째, 숙고한 시민에게 중심적 발언권을 주어야 한다. 둘째, 시민에게 공공 사안에 대해 배우고 숙고할 기회와 동기를 부여해야 한다. 셋째, 숙고되지 않은 대중의 견해에는 체계적 지위나 중대한 영향력을 주지 말아야 한다. 넷째, 정치적 심의와 숙고 과정을 통해 오가는 논의들은 손쉬운 조작을 막을 수 있는 규칙 아래 이루어져야 한다.

오늘날, 여론조사 결과를 민의와 동일시하는 분위기가 널리 퍼지고 있다. 그러나 우리는 우리 자신의 개인적 삶에서도 잘 알아보지 않고 관심도 없던 시절에 내린 결정이 관심을 가지고, 잘 알아보고, 또 그 문제를 해결할 능력도 생긴 이후에 내린 결정을 압도하기를 바라지 않는다. 그렇다면 무지한 상태에서 형성된 의사와 숙고된 상태에서 합리적인 논의를 통해 형성된 의사는 구별되어야 한다. 그리고 후자의 의사에 체계적인 제도적 지위를 부여할 때, 정치 엘리트들이 여론조사 결과에 영향을 미치고, 숙고되지 않은 여론이 다시 정치에 영향을 미치는 악순환을 막을 수 있다.

대의민주주의의 부분 요소들은 민주주의 그 자체가 아니다. 또한 대의민주주의의 모든 요소들을 다 합한다고 해서 민주주의 그 자체가 되는 것도 아니다. 대의민주주의의 각 요소들은 민주주의의 부분 제도에 불과하며, 대의민주주의 전체는 더 큰 민주주의의 한 요소에 불과하다.[6] 부분 제도가 관행적으로 실행되는 것에 만족하는 것은 목적과 수단을 혼동하는 것이다. 중요한 것은 민주주의의 가장 근원적인 이념을 어떻게 하면 가장 완전하게 실현할 수 있을 것인가 하는 점이다. 이 점을 이해해야 우리는 직접민주주의 같은 다른 민주주의 제도들에 대해서도 눈을 돌릴 수 있다.

6장

직접민주주의는 더 나은 민주주의인가?

잘못된 반론

단순 직접민주주의 모델 사고실험

직접민주주의 가상 모델의 문제점

단순 직접민주주의의 잘못된 전제들

잘못된 반론

대의제가 그렇게 결함이 많은 제도이고, 대의자들은 언제든 시민의 의사에서 이탈할 수 있는 존재이며, 대의자들의 토론과 시민사회의 토론이 제대로 연결되지 않는다면, 아예 시민들이 모든 사항에 직접 참여하는 민주주의를 채택하면 어떨까?

직접민주주의에 대한 상투적인 반론은 이렇다. 민주주의의 기원은 그리스 아테네이고, 고대 아테네에는 사람의 수가 적어 직접민주주의가 가능했다. 그러나 이제는 사람이 너무 많아져서 한곳에 모일 공간도 없고, 일일이 다 발언할 수도 없기 때문에 대의제를 해야 한다.

그러나 이것은 결정적인 반론이 될 수 없다. 아테네 정치 회합에도 300명은 가뿐히 넘는 사람들이 모였다. 이렇게 모여서는 한마디씩 하기도 힘들다. 꼭 할 말이 있는 사람만 발언을 해도 제대로 논의 한번 해보기도 전에 하루가 다 갈 것이다. 실제로 아테네에서도 단상에 나와 있는 발언자 몇 명만 이야기를 했고, 나머지 사람들은 주로 그 이야기를 듣고 이따금 발언했을 뿐이다. 그리고 단상의 발언자들은 서로를 직접 설득하려는 목적으로 이야기한 것이 아니라 앉아 있는 청중에게 호소했던 것이고, 그 연설 후에 표결이 이루어졌다.

정치학자 데이비드 헬드는 『민주주의의 모델』에서 크세노폰의 이야기를 소개하며 아테네 민주주의의 모습을 다음과 같이 설명한다.

대중은 무사심하게 개인으로 참석하여 토론하고 최선의 결정을 내리는 것이 아니다. 지도자들이 이끄는 무리가 있으며, 이들은 종종 적대관계를 형성한다. 이들 집단은 회합에 가서 어떻게 발언하고 어떻게 선동할지 음모를 짜고 면밀하게 계획을 세운다. 현란한 변론 기술을 동원한 이들의 선동에 민회는 순간적인 격정에 빠져 잘못된 결정을 내리기도 한다. 군대의 지휘관을 억울한 일로 처형시키고, 그 뒤 선동에 넘어간 것을 크게 후회하며, 이번에는 선동한 사람들을 잡아 처형시킨다.[1]

이것은 공동의 목적을 가진 시민들이 오순도순 이야기를 나누며 합의를 통해 바람직한 결론을 도출하는 모습과는 전혀 다르다. 정치가 파당적이며 때론 어리석기도 하다는 이유 때문에 대의제를 비판한다면, 직접민주주의도 그 비판을 피할 수 없다. 그러나 사람들은 이 문제에 대해 진지하게 분석해서 생각하지 않는다. 그 대표적인 예가 『제3의 물결』로 잘 알려진 앨빈 토플러 같은 '정보화 시대론자'들이다. 그들은 정보 통신 기술의 엄청난 발전에 고무되어 '이제 컴퓨터로 투표하면 되니 21세기는 직접민주주의의 시대며, 또 그렇게 가야 한다'고 말한다. 민주주의의 어려움을 오직 '기술적인 문제'로 축소시키는 이런 논리가 이토록 널리 퍼져 있는 것을 안다면, 무덤에서 노르베르토 보비오가 뛰쳐나올지도 모르겠다.

직접민주주의 모델이 지금 실현될 수 없는 이유는 한번에 많은 사람들이 광장에 다 모일 수 없기 때문도 아니고, 한마디씩 하기도 힘들어서가 아니다. 누구나 알듯이 인터넷 기술의 발전으로 많은 사람들이 모이는 것도, 한마디씩 하는 것도 충분히 가능해졌다. 그럼에도 아테네의 민주주의가 현대 국가에서 실현될 수 없는 이유는 직접민주주의의 본질적인 취약성 때문이다.

단순 직접민주주의 모델 사고실험[*]

이 취약점을 선명하게 드러내는 하나의 가상 모델을 가정해보자. 이 모델은 '바람직하거나 현실적인' 모델이 아니라 스펙트럼의 한 극단, 즉 대의제의 요소들을 완전히 빼버린 단순한 모델이다. 대의민주주의의 많은 문제점들을 접한 우리는 그것을 인민에 의한 직접적인 통제라는 형태로 모두 '쓸어버리고' 싶은 욕망에 사로잡힐 수 있다. 이러한 발상은 오래전부터 평등주의자들에 의해 하나의 이상향으로 제시되어왔다. 이를 그대로 집약한 모델을 '단순 직접민주주의'라고 부르자.

---

[*] 사고실험은 사안에 대한 보다 명확한 이해를 얻기 위해 몇 가지 요소 위에 가상적 사태를 구성해보는 사유 방법이다.[2]

이 정치체제에서 모든 정치 현안들은 시민들에 의해 직접 다뤄지고, 그 주체는 각 개인이나 개인들의 일시적 모임이다. 정치 현안들은 토론 과정에서 의안 자체가 수정되는데, 토론에 붙여질지 가부는 국민 3~5퍼센트 이상의 동의—아마도 인터넷상 클릭에 의해 표현될—로 결정된다. 특정 정당이나 단체에 의해 의안이 걸러지지 않으므로 아마 1년에 수백 개, 심지어 수천 개의 의안(현재 국회 회기당 본회의에 상정되는 의안은 200건이 넘으며, 소위원회에 상정되는 의안까지 포함하면 그 수는 훨씬 더 많아진다)이 상정될 수도 있으며, 이 모든 의안은 인터넷 클릭으로 행사되는 국민들의 직접 투표에 의해 입안 가부가 결정된다.

토론은 공식, 비공식을 가리지 않고 각종 사이버 토론방에서 이루어진다. 사람들은 인터넷의 포털 광장, 커뮤니티의 게시판, SNS에서 논의되는 현안 중 자신이 관심 있는 것에 대해 의견을 내놓으며, 다른 이들과 의견을 교환한다. 그러므로 의안 하나당 사이버상에 게시되는 텍스트나 영상 수는 수천 개에서 수십만 개에 이른다. 국가가 공식적인 인터넷 게시판을 만든다 해도, 그 게시판이 토론에 미치는 영향은 다른 모든 통로와 다를 바 없을 것이다. 그리고 그 공식 게시판에도 하나의 의안에 대해서만도 다 읽을 수 없을 만큼 엄청나게 많은 수의 자료와 의견이 올라올 것이다. 사람들은 그 가운데 일부를 읽어보거나 아무것도 읽지 않은 상태에서 투표에 참여할 것이다. 그리고 그 투표 결과는 행정부에 의해 실행될 것이다. 그러나 그 결과에 대해서는 아무도 직접적으로 정치적 책임을 지지 않을 것이다. 대의제에서는 의사 결정을 잘못한 정치적 책임을 질 대표나 정당이 있는 반면에 단순 직접민주주의 사회에서는 그런 존재가 없기 때문이다.

직접민주주의 가상 모델의 문제점

이러한 직접민주주의 가상 모델의 문제점은 무엇인가? 첫째, 정치 참여에 필요한 정보의 불평등 문제다. 컴퓨터 같은 전자 기기가 모든 가정에 무료로 설치된다면, 기기 소유의 불평등 문제는 기술적으로 제거될 수 있다. 그러나 정보를 해석하고 가공하거나, 필요한 것을 검색하고 읽는 능력의 차이는 그대로 남는다. 외형상으로는 모두 인터넷을 사용할 줄 안다 해도, 거기서 제대로 된 정보를 가려내고 찾아내 해석하고 비판할 수 있는 능력은 평등하지 않다.[3] 정당 같은 정책 구성과 의사 형성을 담당하는 매개 기구가 없는 단순 직접민주주의에서 의안은 중심을 잃을 것이며, 도대체 어떤 정책이 어떤 성향을 띠는지, 어떤 효과를 가져오는지 알아내는 데도 상당한 노력과 비용이 들 것이다. 수천 개의 게시 글 가운데 어느 것이 믿을 만하고 정당한 글인지는 교육을 많이 받았을지라도 쉽게 가려내기 힘들다. 교육을 제대로 받지 못했거나 관심이 없는 사람들의 경우에는 더더욱 그렇다. 정치제도가 시민들에게 모든 의안을 직접 분석할 것을 요구한다면, 정보를 다루는 능력이 부족한 사람들은 정치에서 불리해질 것이다. 정치 참여 자체를 줄이거나, 그러지 않더라도 자신들의 이익을 도모할 정책을 제대로 선택하기 위한 추론 과정을 거치기가 매우 힘들 것이기 때문이다. 이렇게 되면 그들의 이익은 그만큼 덜 보장될 것이다.

또한 인터넷은 평등한 공간이 아니라 고도로 불평등한 공간이다. 조회수가 많거나 연결이 많이 되어 있는 공간은 사람들에게 많이 읽히고, 아무리 좋은 근거로 뒷받침되는 주장을 담고 있어도 소외된 공간은 더

욱더 소외되어간다. 보통의 시민이 쓴 좋은 제안을 담은 글을 다른 사람들이 읽어줄 거라는 기대는 실현되기 힘들다. 이러한 양극화는 되먹임 고리*를 통해 점점 강화되는 경향을 갖는다.[4]

둘째, 심의 과정이 부족하다. 대의민주주의는 소위원회, 위원회, 본회의 구조를 통해서 의결자들에게 계속해서 독회와 토론의 의무를 부과한다. 반면에 단순 직접민주주의는 의안에 대해 전혀 알지 못하는 사람도 투표에 참여한다. 한편, 의안에 대해 어느 정도 이해가 이루어진다 하더라도 그것이 '공공의 장'에서 이루어진다는 보장은 없다. 무작위로 올라오는 글들로 사이버 토론이 이루어지기 때문에, 실질적인 토론으로 이어지지 않는다. 그렇다고 누군가가 개입해서 토론 과정을 규제하고 일부 사람들만 발언하게 한다면, 그것은 직접민주주의의 이상에도 어긋날뿐더러 공정성과 정당성을 보장받기 힘들다. 이런 상황에선 이미 자신이 갖고 있는 확신에 부합하는, 읽고 싶은 자료만 읽는 성향이 더 강화될 것이다. 근거가 정당하고 객관적인 것보다는 감정에 호소하며 선동적인 것이 위력을 발휘할 것이다. 참여자들은 고정되지 않고 유동적으로 계속 바뀔 것이다. 그도 그럴 것이 이 정치제도에서는 참여를 의무화할 수 없기 때문이다. 수천 개의 의안을 모두 검토해보고 투표하라고 규제했다가는, 전 국민이 컴퓨터 앞에서 클릭만 하느라 생업을 꾸리기도 힘들 것이다. 결국 자신의 이해관계가 직접 걸려 있거나, 흥미 있는 분야에 대해서만 투표하려 할 것이다. 이는 곧 투표 결과에 대한

---

* 되먹임 고리feedback loop는 특정한 사건이 다시 그와 같은 종류의 사건을 더 일으키는 원인이 되는 순환적인 인과적 관계를 말한다.

책임을 일관성 있게 추궁할 주체가 사라짐을 뜻한다. 그 결과 많은 의안들이 실행 불가능하거나 상호 모순될 것이다.

예를 들어, 세금에 대한 투표에서는 중산층과 고소득층이 많이 참여해 세금 감면안을 통과시키고, 정부 재정 지출에 대한 투표에서는 저소득층을 비롯한 복지 수혜층이 많이 참여해 지출 증대안을 통과시킬 수 있다. 그러나 이 경우 정부 재정 적자에 대한 책임은 아무도 지지 않는다. 각각의 의안이 고립되어 다루어지기 때문에 한 의안의 의결로 인해 그 이전이나 그 이후의 의안 중 하나가 아예 실행 불가능하게 될 수도 있다. 충동적이고 즉각적인 감정에 따른 투표는 치명적인 정책 실패와 후회를 낳을 수 있다. 문제는, 대의민주주의에서는 이러한 실패에 정당 교체라는 결과가 따르는 반면, 단순 직접민주주의에서는 어떠한 제도적 '반성' 기제 또는 메커니즘도 마련되어 있지 않다는 점이다. 단순 직접민주주의에서는 정책 실패를 책임지는 공식적인 과정이 부재하고, 반성은 개개인의 책임으로 분산되어 약해질 수밖에 없다. 정치 과정과 정책 수행의 실패가 두드러져도 이를 제어할 효과적인 브레이크가 없는 셈이다. 복잡하고 전문화된 문제들은 아주 단순화되어 왜곡되거나, 아예 전문가들에게 위임되는 현상이 나타날 가능성이 높다.

단순 직접민주주의 사회의 토론에서는 '정치적 합리성'을 유지시켜 줄 가이드라인이나 기제가 전혀 존재하지 않는다. 사이버 게시판에서 흔히 볼 수 있는 인신공격이나 욕설, 야유, 비방, 선동, 근거 없는 일축이 난무하고, 나쁜 이미지와 연결시키기, 성별이나 종교나 지역을 이유로 편 가르기가 횡행한다. 물론 관리를 하면 이 문제가 해결될지도 모른다. 그러나 공식 게시판은 어느 정도 관리할 수 있겠지만, 수많은 사적 게시판은 관리가 힘들뿐더러, 더 어려운 문제는 공식 게시판에도 억지 주장을 관리할 '공정한 심판자'나 '규정'을 두기가 쉽지 않다는 것이다. 뿐만 아니라 인터넷상에서는 끊임없이 의제의 논점이 옮아가고, 단일 의제에 대한 구심점 있는 토론이 이루어지지 않아 토론의 결과가 축적되지 않는다. 이 역시 합리성 면에서 치명적인 결함이다. 누구나 말할 수 있지만 어느 누구도 경청하지 않는다. 모든 사람이 발언권을 갖지만 영향력 차원에서 발언의 자유의 가치는 축소된다.

더 나아가, 대중매체를 소유하거나 대중매체에 큰 영향력을 행사하는 세력이 의사 결정 과정을 지배할 가능성이 더 높아진다. 사람들은 잘 알아보지도 않고 무지한 상태에서 인상에 따른 투표를 하기 때문에, 그런 인상을 곧바로 겨냥하는 매체들이 더 큰 영향력을 발휘하는 것이다. 그래서 대의자들에 대한 로비가 대중매체에 대한 로비로 그 장소를 바꿔 심의에 더 심한 왜곡을 가져온다.

셋째, 참여의 문제와 민주적 정당성의 문제다. 대의제에서는 참여가 국회의원의 직업적 의무며, 이는 정당에 의해 통제된다. 그러므로 모든 의결은 전체 시민의 의사를 대표하는 이들에 의해 이루어진다. 반면에 단순 직접민주주의에서는 참여한 소수가 모든 시민의 의사를 정당하고 동등하게 대변하지 못한다고 의심할 여지가 많다. 예를 들어, 특정 이해집단의 이해관계가 결정적으로 걸려 있는 의안과 관련하여, 이 익집단과 그 가족, 친척, 친한 친구들이 모두 동원되어 투표에서 압도적인 다수를 차지할 수 있다. 의결해야 할 의안이 무수히 많기 때문에 직접민주주의에서 투표의 유효성을 보장할 수 있는 투표율은 높게 설정될 수 없다. 예를 들어 50퍼센트로 정한다면, 어떠한 의안도 거의 통과될 수 없을 것이다. 국회의원 선거와 같이 4년에 한 번 돌아오는 중차대한 선거에서도 투표율은 50~60퍼센트에 머무른다. 결국 매일매일 수십 개의 의안이 투표 대상으로 오른다는 점을 감안하면, 그 기준은 현저히 낮은 수준이 될 것이다. 그런데 필요 투표율을 이를테면 10퍼센트로 정한다면 5퍼센트만 넘어도 과반수이므로, 실질적으로는 95퍼센트의 국민이 지지하지 않더라도 통과될 가능성이 있다.

물론 이익집단이 구성원들을 동원하고 집중적으로 독려하는 투표에서 그들을 반대하는 임시 집단이 생길 수도 있다. 하지만 일반 국민들은 자신들의 이해관계가 (물론 걸려 있기는 하겠지만) 결정적으로 걸려 있지 않기 때문에 투표에 참여할 절박한 필요성을 느끼지 못한다. 그렇기에 상정되었는지도 모르는 수십 개의 의안이 며칠 새 통과되어버리는 것은 '은밀한 날치기'와 다르지 않다. 그사이에 신혼여행을 갔다 온 부부를 상상해보라. 그들이 컴퓨터 앞을 떠나는 순간 그들의 의사를 대표할 사람은 아예 존재하지 않는다.

물론 나중에라도 은밀한 날치기가 발각된다면 다시 뒤집어질 수도 있다. 하지만 그러기 위해서는 이익집단의 열광적 참여에 맞서는 일반 시민의 열광적인 참여가 필요하다. 여기에 일단 통과된 것을 뒤엎는 논의는 '일사부재리의 원칙'에 의해 다음 회기에서 행해질 것이고, 이에 따른 정책 실패와 번복 비용도 이만저만이 아닐 것이다. 무엇보다 이러한 '번복'이 빈번하다는 것은 주권 기구의 의사 결정이 자의적이라는 사실을 보여준다. 이는 곧 그 기간 동안 MTV 페스티벌이 열리느냐 열리지 않느냐, 밖에 나가 놀기 좋은 날씨인가 아닌가, 언론이 그 문제를 중점적으로 다루느냐 아니냐 등에 영향을 받는다는 뜻이다.

여론조사의 경우를 생각해보자. 여론조사에 답하는 사람들이 편향되어 있으면, 그것은 매우 부정확한 조사가 된다. 그래서 인터넷 홈페이지에서 하는 여론조사는 아무도 신뢰하지 않는다. 그런데 직접민주주의는 인터넷 여론조사 수준으로 대표성을 붕괴시킨다. 의안 결정에 참여하는 사람들이 속한 집단, 이해관계, 연령, 성별, 이념의 비율이 의안별로 천차만별이라면 어느 투표도 대표성을 지니지 못한다. 어떤 의안에는 젊은이들이 많이 몰려가서 투표할 것이고, 어떤 의안에는 노인들이 많이 투표할 것이다. 결국 제대로 대표성을 갖춘 의안이 되느냐의 여부는 순전히 그 의안에 대한 사람들의 참여 의지가 '우연히 거의 같다'는, 발생하기 힘든 상황에 기대게 된다. 처음에는 많은 사람들이 자신의 이해관계와 상관없이 올바른 결정을 내리고자 노력할 수도 있다. 하지만 너무 많은 의안에 지쳐버리면 그 시스템은 올바로 작동하지 않는다. 자의적이고 임의적인 결론은 누구에게도 '압도적인 것', 즉 결과에 승복할 수 있을 만한 것으로 보이지 않을 것이며, 계속되는 대중 동원의 힘겨루기가 사회를 지배하게 될 것이다. '6퍼센트가 참여했을 땐 패배했지만 12퍼센트일 경우에는? 20퍼센트라면?'

이러한 가상의 직접 의회는 각자 관심 갖는 것, 자신의 이익과 가장 밀접한 것만을 각자 논의하는 통치의 파편화를 낳는다. 국가적 이익은 모순된 조각들로 쪼개지고, 이러한 조각들 사이의 의사 결정은 제대로 조정될 기회조차 갖지 못한다.[5]

넷째, 이익 갈등의 합리적이고 공정한 조정 문제다. 대의민주주의 사회에서는 이익집단으로 조직되지 않은 사람들도 '당'에 의해 자연스럽게 조직된다. 가난한 사람들은 자신들의 이익을 진지하게 대변하고 실천하는 당에 표를 주고, 다음 선거까지는 손을 놓고 있어도 어느 정도 안심할 수 있다. 그러나 단순 직접민주주의 사회에서는 자신의 이익을 지키려면 계속해서 '직접' 투표에 참여해야 한다. 그런 점에서 소득이나 교육 수준이 낮은 사람일수록 상대적으로 정치 참여에 필요한 비용이 더 든다. 이익집단으로 조직된 사람들은 참여가 필요한 타이밍이 어느 때인지 조직을 통해 쉽게 알 수 있고, 이익집단이 의제 설정 과정을 주도하기 때문에 의제에 대한 통제력도 가질 수 있다. 반면에 조직되지 않았거나 자원이 부족해 조직력이 낮은 사람들은 대의제 사회보다 의제에 대한 통제력을 훨씬 더 잃게 된다.

기본적으로 단순 직접민주주의는 정치에 대한 잘못된 시각을 전제하고 있다. 단순 직접민주주의는 정치를 합리적 소비나 합리적 기술 선택의 문제인 양 바라본다. 어떤 아이스크림을 고를 것인가, 어떤 신발을 살 것인가, 어떤 장비나 설비를 투자할 것인가 같은 문제에 투표하는 것처럼 바라본다는 것이다. 이로써 정당한 목적과 이를 추구하는 합리적 수단이 무엇인가를 두고 벌어지는 진지한 의견 다툼과 갈등은 모두 사라진 것처럼 여겨진다.[6] 정치가 갈등하고 상충하는 이익과 의견을 합당하고 합리적으로 조정하고, 문제 상황을 슬기롭게 해결하는 어렵고 복잡한 일이라는 생각을 하지 않는 것이다. 다원주의 사회에서 정치를 다수가 원하는 목적을 그저 다수가 원하는 방법으로 실행하는 문제로 환원하는 것은, 사회의 이익 갈등을 조정하는 문제를 진지하게 받아들이지 않는 것이다. 그것은 반대 의사를 숫자로 억누르면 동의의 의사로 바뀐다고 생각하는 것과 일맥상통한다. 바꿔 말하면, 단순 직접민주주의는 다원주의 사회에서의 토의 과정을 진지하게 생각하지 않는

다.[7]

다섯째, 본인-대리인 문제가 악화될 가능성이 높다. 앞서도 밝혔듯 본인을 위해 대신해서 일하라고 뽑았더니 대리인이 딴짓하는 문제가 본인-대리인 문제다. 국민 개개인이 의사 결정 주체인 직접민주주의 체제는 마치 본인-대리인 문제가 없는 것처럼 보일 수 있다. 그러나 결코 그렇지 않다. 단순 직접민주주의에서도 본인-대리인 문제는 여전히 남아 있으며, 더 악화될 수 있다. 물론 투표권자가 10명인 사회에서 10명 모두가 참여해 모든 의안을 결정한다면, 본인-대리인 문제는 거의 생기지 않는다. 정보의 비대칭성, 즉 본인은 모르고 대리인은 정보를 아는 문제도 별로 크지 않고, 또 전문화와 분업의 필요성도 딱히 없기 때문이다. 그러나 사회 구성원이 100만 명, 1,000만 명, 5,000만 명에 이른다면?

어떤 프랜차이즈 가게가 1,000개 있다고 해보자. 그리고 프랜차이즈 본사의 주주가 1,000명이라고 하자. 여기서 10명의 지배인을 선임한 경우는 대의민주주의로 볼 수 있다. 반면에 주주 1,000명이 각자 내킬 때 의사 결정에 참여해 운영한다면 단순 직접민주주의에 비유할 수 있다. 전자의 경우, 지배인들은 가게 전체의 운영과 그 성과를 전적으로 책임진다. 후자의 경우, 얼핏 보면 대리인이 없는 것 같지만 '특정 시기에 실질적인 운영에 참여하는 소수의 주주'가 일종의 대리인이다. 그런데 이 대리인은 지배인의 경우와 달리 경영의 잘못에 대해 전혀 명시적인 책임을 지지 않는다. 책임을 추궁하려고 해도 대리인의 구성이 계속 바뀐다. 특정 시기에 의사 결정에 참여하지 않은 나머지 주주들을 실제로 '대리'하면서 '사적 이익'을 챙길 수도 있고, 운영을 엉망으로 할 수도 있지만 지배인들처럼 해임되지 않는다. 그냥 그 잘못을 분산해서(나누기 1,000을 해서) 부담할 뿐이다.

단순 직접민주주의에는 유동적이고 일시적인 대리인(참여자)이 본인(전체 시민)을 효과적으로 대표하고 책임지는 메커니즘이 없다. 그렇기 때문에 본인-대리인 문제를 해결하기보다 더 악화시킬 염려가 있는 것이다. 물론 대의민주주의에서도 대리인에 대한 감시가 이루어지지 않으면, 대리인 문제는 한없이 악화될 수밖에 없다. 그러나 복수 정당 체제의 대의민주주의에서 '대리인'은 집단으로서의 정당이 되고, 정책 실패는 그 정당의 책임으로 돌아갈 수 있다.

단순 직접민주주의의 잘못된 전제들

단순 직접민주주의는 왜 제대로 작동할 수 없을까. 그것은 그 체제가 몇 가지 심각한 잘못된 전제를 깔고 있기 때문이다.

먼저, 정치적 문제의 단순성. 단순 직접민주주의에서는 진정으로 고유한 정치적 문제란 존재하지 않는다고 본다. 공공 정책 결정을 가게에서 아이스크림을 고르거나, 쇼핑에서 원하는 물건을 고르는 것처럼 간단하게 판단할 수 있는 일이라고 보는 것이다. 그렇기에 긴요한 필요와 이익을 제대로 포착하고, 여러 관점에서 제기되는 주장을 온전하게 고려하고, 여러 대안을 복잡한 추론과 조정, 토론을 통해 검토하는 모든 과정을 진지하게 생각하지 않는다. 의제가 시험 문제의 보기처럼 제시되고, 보기 하나를 클릭하면 가장 많은 표를 얻은 선택지가 실시된다.

그것으로 끝이다. 하나의 구체적인 쟁점에는 더 큰 문제들이 연관되어 있으며, 그 문제들은 이미 존재하는 대중의 선호를 그대로 받아들이는 것으로는 해결되지 않는다는 사실을 이해하지 못한다. 구성원들의 의사가 의제 설정을 통해, 토론을 통해, 정치 운동을 통해 변화하는 과정이 사회 운영에 꼭 필요하다는 점을 모르는 것이다.

둘째, 국가 업무의 단순성. 공동체의 집단적 의사 결정과 행정이 필요한 일은 '단순화'될 것이며, 복잡할 이유가 하나도 없을 것이다. 전문가와 보통 사람의 차이, 숙고된 견해와 그러지 않은 견해의 차이는 모든 사람이 직접 의사 결정을 해야 한다는 '지고至高한 당위'에 의해 배격된다. 거대하고 복잡한 분업 사회의 일을 처리하는 데 따르는 어려움은 사실상 거의 없다고, 약간의 인수인계 작업만 이루어지면 전혀 다른 일을 하던 사람이라도 거뜬히 직무 배치 순환 시스템을 통해 그 직무를 잘 수행할 수 있다고 본다. 이러한 가정이 얼마나 사실과 동떨어진 것인가는 현대 행정 체계나 입법 과정을 살펴보면 쉽게 알 수 있다. 정치 전문가라고 이야기하는 국회의원도 사실상 복잡한 문제에 대해서는 다 알 수가 없어서 위원회라는 조직을 통해 법안을 심사하며, 그나마도 행정부의 설명에 그저 수동적으로 설득당하는 경우가 많다. 시민들이 배움의 기회를 활용해 사안별로 어느 정도 지식을 갖출 수 있다고 하더라도 전문가의 역할이 아예 없다거나 모두가 법안을 만들고, 그 효과를 평가하고, 통계를 수집하고 가공하는 일을 할 수 있다고 하는 것은 사실과 너무도 동떨어진 말이다. 그러므로 두 번째 전제도 오류다.

셋째, '하나'로 간주되는 집단적 의사 결정에 대한 무제한의 신뢰. 단순 직접민주주의에서 대중은 모두 합리적이며 이성적이고 높은 교육 수준으로 숙성된 감식안을 가진 것처럼 여겨진다. 그리고 다수의 표를 받은 안이 결정되면, 그 결정된 안이 구성원들의 공통 의사로 간주된다. 직접 투표와 다수결이라는 깔끔하고 간단한 절차에는 어떠한 오류나 잘못도 개입될 여지가 없다. 어떤 문제가 생기더라도, 그 문제는 다음번 회기에 우연히 투표하는 사람들의 식견에 전적으로 맡기면 된다.

이런 구조는 단순히 다수라는 이유로 일부 구성원들이 나머지 구성원들을 지배하는 문제에 매우 취약하다. 단순 직접민주주의 의사 결정 과정에, 관련된 당사자들의 이익이 소수의 이익을 포함해서 온전히 대변되고, 공적 이유에 의해 심의되는 절차가 없기 때문이다. 그래서 일단 결정이 이루어지면, 결정에서 배제된 주장들은 일시적인 이견異見으로 간주된다. 이런 식의 단순한 의사소통 방식은 시민사회의 활발한 토의를 불필요하거나 거추장스러운 것으로 만든다. 무언가 불만이 있으면 곧바로 다수결로 그에 대한 대응책을 승인하면 될 뿐이다. 그 불만이 보편적으로 보장되는 권리와 이익에 관한 것인지, 다른 더 나은 대안은 없는지, 제시된 정책이 관련된 이해관계들을 공정하게 조정하는지를 살피는 과정은 생략된다. 이런 식의 구도에서는 기존에 받아들여지지 않은 의견이 변화를 이끌어낼 여지가 거의 없다.

넷째, 대중의 높은 참여가 항상적으로 이루어질 것이라는 전제. 단순 직접민주주의가 어느 정도 정당성을 가지려면 지루한 투표 과정에 참여할 구성원이 항상 상당수 있어야 한다. 이것은 현실적으로 매우 힘든 일이다. 어떤 사회건 컴퓨터 앞에 앉아서 무미건조한 입법 문제에 참여하는 일보다 재미있는 일은 얼마든지 있다. 사람들이 큰 관심을 갖는 법안은 1년에 얼마 발의되지 않는다. 그러나 그것은 생업과 여가 활동을 꾸려가는 사람들의 주의력이 한정되어 있기 때문이지, 나머지 수백 개의 법안이 중요하지 않아서가 아니다. 복잡한 정치 현안을 검토하고 조정하고 골머리를 앓는 일은 아무리 절차를 단순화해도 상당한 에너지와 시간이 소요된다. 그 시간에 가능한 다른 일을 하고자 하는 유혹은 자연스럽다. 그런데 대의제의 대표들과 달리 그 일을 책임 있게 해야 할 유인은 없다. 그래서 특수 이익집단의 구성원으로서 특별한 이해관계가 있거나, 대중매체에서 집중적으로 다루며 강하게 한 방향으로 선호를 고취했기 때문이 아니라면, 대중이 입법에 참여하는 경우는 적어진다.

이처럼 단순화된 '직접민주주의 모델'로 사고실험을 해보면, 대의민주주의의 문제가 단순히 의사 결정을 시민들에게 직접 맡긴다고 해서 해결되는 것이 아님을 알게 된다. 더 나은 민주주의의 실현을 '국민들이 더 많은 사안을 다수결로 직접 결정하도록 한다'는 뜻으로 받아들여선 안 된다. 그것은 아무런 분석 과정을 거치지 않은 순진한 생각일 뿐이다. '민주주의'는 정의로운 규범과 정확한 사실을 아는 시민들의 '계몽된 이해'가 온전하고 공정하게 고려되는 정치가 실현되는 체제를 의미한다. 이익이 공정하게 대표되고, 정책의 시행 및 결과에 책임을 지는 메커니즘이 존재하고, 정치 과정에 대한 심의가 더 제대로 이루어져야 하는 것이다. 대의민주주의의 결함과 아울러 단순 직접민주주의의 결함을 제대로 이해하는 것은, 더 나은 민주주의를 제안하기 위한 중요한 조건이다.

7장

현실의
직접민주주의
제도들

타운미팅

레퍼렌덤과 소환제

시민의 권한을 강화하는 참여 제도

우리의 과제

6장의 검토는 모든 직접민주주의에 적용되는 내용은 아니다.[1] 그것은 사고실험을 위해 설정한 단순 직접민주주의 모델에 대한 검토였다. 우리가 단순화된 모델을 살펴본 이유는, 대의민주주의의 결함을 고치겠다고 잘못된 전제를 도입해서 새로운 결함을 만들어내는 일이 발생하지 않도록 하기 위해서이다. 이러한 참고 사항들은 이 극단화된 전체 모델보다 훨씬 부분적인 현실의 제도들을 평가할 때 유용한 기준이 되어준다. 결국 부분적인 직접민주주의 제도들은 '대의제'를 '대체'하는 것이 아니라 '보완'하는 것이라고 할 수 있다.[2] 우리는 구조화된 기준, 즉 정치적 문제의 단순성, 국가 업무의 단순성, '하나'로 간주되는 집단적 의사 결정에 대한 무제한의 신뢰, 대중의 높은 참여가 항상적으로 이루어질 것이라는 전제에 기반한 모델을 비판적으로 평가하는 기준을 가지고 이 제도들을 살펴봄으로써, 우리가 추구해야 할 대안적인 제도를 어떻게 구성해야 하는가에 대한 유용한 지식을 얻을 수 있을 것이다.

타운미팅

타운미팅town meeting은 미국에 정착한 초기 청교도들의 공식적이고 광범위한 의결 기구였다. 하지만 지금은 의결 권한을 많이 잃어 일부 지역에서 주 정부나 연방 정부에 의한 공식적인 의사 결정 이외의 사항들을 결정하는 데 활용된다. 타운미팅은 지역 주민들이 모여 그 지역의 집단적인 문제를 직접 논의하고 결정하는 자리이다. 타운미팅에서는 몇 명 이상의 발의로 의제가 상정되며, 보통 의제는 하루나 이삼일 정도 토론을 거쳐 투표에 붙여진다.

요제프 치머만은 『참여민주주의』에서 로드아일랜드, 그린필드, 코네티컷, 메인, 매사추세츠, 뉴햄프셔, 버몬트의 타운미팅을 검토한다.[3] 타운미팅의 최초 형태는 거의 모두 '개방 타운미팅'이었다. 개방 타운미팅에는 누구나 참석해 발언하고 투표할 권리가 있다. 물론 모든 주민들이 참석하지는 않지만, 중요한 문제에 대해서는 보다 많은 주민들이 참석한다. 특히 갈등이 발생하는 문제에 있어서는 더욱 그렇다. 관행적이고 사소한 문제들에 관한 회합은 참석률이 낮다. 그렇다고 그 회합에서 결정된 사항이 참석하지 않은 주민들의 의사와 어긋나는 것은 아니다. 참석하지 않아도 그 결과에 별 차이가 없으니까 참석하지 않는 것이다. 즉 특별히 갈등이 있는 문제가 아니라면 특별 의제로 설정할 필요가 없다는 것을 참가자들이 아는 것이다. 물론 지역이 소규모일수록 전체 유권자 가운데 참석자의 비율이 높아진다. 매사추세츠주에서 주민이 5,000명 이하인 지역의 참석률은 14.8퍼센트, 1만 5,000명에서 1만 9,999명 사이인 지역의 참석률은 3.1퍼센트다.

모든 주민들이 직접 참여하는 타운미팅은 정착 초기 시대에 의결 기구로서의 역할을 훌륭하게 수행했다. 다만 지역이 인종이나 문화 면에서 다양해지고 인구가 많아지자 대의제 타운미팅이 도입되었다. 현재 매사추세츠주는 45개의 대의제 타운미팅을 운영하고 있고, 코네티컷은 7개, 메인은 1개, 버몬트도 1개를 운영하고 있다. 다만 뉴햄프셔에는 대의제 타운미팅이 없다. 타운미팅의 서기들은 대의제 타운미팅의 의사 결정 과정이 훌륭하고 만족스럽다고 이야기한다.

직접 참여 타운미팅이 계속 유지되기 어려운 이유는 인구가 많아졌다는 것에만 있지 않다. 현대사회에선 여러 분야가 고도로 복잡하게 연관되어 있으며, 행정의 전문화 현상도 심해진다. 하루나 이삼일 동안의 검토로 모든 공공 사안을 심도 깊게 이해하고 일일이 결정 내리기란 난망한 일이다. 타운미팅이 주로 다루는 지역의 예산 문제도 그렇다. 그래서 많은 타운미팅들에서 예산위원회 같은 전문 기구를 두게 되었다. 위원회는 관련 의제들을 대표자들이 충분히 검토한 뒤 이해하기 쉽게 문서화해 타운미팅들에서 주민들에게 배포한다. 주민들은 위원회의 작업에 충분히 만족하고 있다. 그래서 갈등 요소가 있는 논쟁과 논의도 타운미팅이 아닌 위원회로 옮겨져 벌어지게 되었다.

타운미팅에 관한 실사 조사에 따르면, 출석률이 50퍼센트를 넘지 않더라도 주민의 의사는 참석자들에 의해 충분히 대표되는 경향이 있으며, 실제로 참석하지 않는 주민들은 참석하는 주민들이 일종의 유사-대표 역할을 수행할 것이라고 생각했다. 그리고 대의제 타운미팅 또한 제대로 작동했으며, 대체로 인민의 일반 의사에 어긋나지 않았다.

타운미팅은 재정 문제에서 가장 탁월한 기능을 발휘해왔다. 효율적인 예산 계획과 사용을 유도하는 강력한 능력을 발휘한 것이다. 자문위원회는 어렵고 복잡한 이슈를 미리 다룬다. 그러니 타운미팅에서 그것을 자세하게 다루지 않는다고 해서 곧바로 타운미팅의 의사 결정의 질이 낮다고 판단하는 것은 오산이다. 오히려 주민들은 타운미팅의 활동 수준과 업무 능력에 대체로 만족한다.[4]

결론적으로 타운미팅은 직접민주주의 형태의 회합을 통한 의사 결정이 훌륭한 질을 가질 수 있다는 것을 보여주는 증거다.

타운미팅에서 간취할 점은 다음과 같다. 첫째, 의사 결정 과정의 필수 절차로 토론을 포함시키는 것은 효과적이다. 타운미팅에서는 토론 없이 즉각 표현되는 선호가 곧바로 의사 결정으로 이어지지 않는다. 이견을 가진 사람들 사이의 토론이 이루어진다. 그리고 그 토론 결과 상당히 질 높은 정책 결정이 이루어진다. 둘째, 시민들은 토론 절차 속에 잘 자리 잡은 참여의 권한을 실제로 부여받았을 때 책임 있게 행동한다. 셋째, 두 가지 조건이 갖추어지면 토론과 표결 절차에 항상 전체 구성원의 과반수 이상이 출석할 필요가 없어진다. 첫 번째 조건은 충분한 토론이 필요한 중요한 사안을 시민들이 가려낼 수 있어야 한다는 것이고, 두 번째 조건은 결정 절차에 참여하는 시민과 그러지 않는 시민이 상당히 동질적이어야 한다는 것이다. 이 두 조건이 갖추어질 때 직접민주주의는 항상적인 대규모 참여가 아니더라도 대표적 참여로 충분히 잘 기능한다. 넷째, 전문적인 자문위원회의 활동은 시민들의 직접 참여와 전문가의 조언이 서로 협력할 수 있다는 것을 보여준다. 즉 현대 정치의 복잡성이나 전문화가 일반 시민의 제도적 의사 결정권을 보장할 수 없는 필연적인 이유가 되지 않는 것이다. 시민들의 비전문성은 토론 절차에 부가하는 정보와 의견 제공 제도를 통해 충분히 보완될 수 있다. 다섯째, 그러나 현대의 타운미팅은 그 의사 결정 권한이 오직 지역 문제에만 한정되어 있다는 결정적인 취약점이 있다. 공론의 장에서 토의할 수 있는 문제가 오직 지역 예산이나 지역 조례, 법령 정도로 제한된다는 것은 안타까운 일이다. 만일 앞의 네 가지 간취점이 유효하다면, 시민들이 직접 참여하는 회합은 마찬가지로 전국 문제도 다룰 수 있는 수준으로 확장될 가능성이 있다.

레퍼렌덤과 소환제

레퍼렌덤referendum은 국회에서 국회의원들이 하는 의결 과정이 아니라, 구성원들이 직접 주나 국가의 문제를 결정하는 체제다. 스위스의 레퍼렌덤은 전 세계적으로 잘 알려져 있다. 미국에는 전국 차원의 래퍼렌덤은 없지만, 주 정부나 주 의회 차원의 레퍼렌덤이 많은 곳에서 활발하게 이루어지고 있다.

레퍼렌덤은, 일정 수의 국민이 서명하면(대체로 해당 단위 구성원의 3~5퍼센트) 공식적으로 발안이 이루어지고, 발안된 법안에 대해 '예'나 '아니요'를 묻는 투표를 진행한 다음, 선거구민의 50퍼센트가 넘는 쪽으로 결정을 내리는 제도다. 레퍼렌덤에는 여러 가지가 있다. '자문 레퍼렌덤'은 구속력이 없는 단순한 인민의 의사표시용 국민투표다. '청원 레퍼렌덤' 또는 '이의 제기 레퍼렌덤'은 어떤 법률에 대한 레퍼렌덤의 결정이 날 때까지 그 법률의 이행을 미루게 하는 국민투표다.

레퍼렌덤을 지지하는 사람들은 레퍼렌덤이 국민이 주권을 최종적으로 효과 있게 행사하는 고유한 방법이라고 주장한다. 레퍼렌덤을 통해 국민은 구체적인 정책 사안에 관한 책임성 없는 의회의 결정에 그대로 복종하고 다음 선거를 기다리는 것 외의 대안을 가질 수 있다는 것이다. 또한 의회보다 상위의 의사 결정 권한을 가지므로 의회를 더 책임 있게 만들고, '민주주의를 교육'하는 효과도 있는 한편, 법률의 의결 과정에 국민이 직접 개입할 기회를 가지기 때문에 통과된 법률이 진정으로 합법성을 갖게 한다.

그에 반해 레퍼렌덤에 대해 국회의원들의 높은 전문성, 합리성, 정보의 충분성과 국민들의 비전문성, 비합리성, 정보의 불충분성을 대비시키는 비판이 제기되기도 한다. 그러나 경험적인 조사 연구 결과에 따르면, 구체적인 의사 결정 과정에서 그 차이는 실제로 그리 크지 않다. 관련된 경험적 연구 결과들을 종합해보면, 레퍼렌덤에 참가한 시민들은 그렇게 많이 알고 있지도 않지만 모르지도 않았다. 특히 널리 알려진 안건일 때, 투표자 대부분은 의제를 충분히 이해하고 있었으며, 정보도 상당한 정도로 제공받고, 결정을 하기 전에 충분히 숙고했다.[5]

그러나 즉각적인 투표나 파벌적 투표도 여전히 존재하는 것으로 나타났다. 이러한 현상은 특히 어떤 의제를 레퍼렌덤에 상정할 것인가를 결정하는 서명을 받을 때 가장 많이 나타난다. 어떤 의제를 레퍼렌덤에 상정하려는 의도로 많은 자원을 투여하면 그 뜻대로 되기 쉽다. 길거리에서 어떤 의제를 주장하는 쪽의 사람이 길 가는 사람들을 붙잡고 "어떻든 이 문제가 토론되어야 하지 않겠습니까?"라고 말하면, 사람들은 "그건 그렇지"라고 반응하게 마련이다. 그리고 미디어나 돈도 통계적으로 유의미한 영향력을 발휘하는 것으로 드러났다.[6] 게다가 미국에서는 연방 대법원이 레퍼렌덤의 이슈에 대해 선전물을 뿌리는 돈의 액수를 제한하는 주의 법률을 위헌으로 판결해 이러한 문제를 더욱더 심화시켰다. 의제 상정에 필요한 서명 수를 확보하는 데도 돈이 필요하다. 많은 사람들을 고용해 서명을 받으러 내보내야 하고, 서명의 필요성을 광고해야 하기 때문이다. 또한 의제가 실제로 상정되면 레퍼렌덤 투표일까지 양측은 각자 동원할 수 있는 최대한의 자원을 동원해 광고와 선전을 한다.

레퍼렌덤은 그 전통이 깊은 곳에서는 어느 정도 기능을 하고 있지만, 새로 도입한 곳에서 민주주의의 일대 혁신을 이룩한 사례는 별로 없다. 이는 레퍼렌덤의 단점을 지적하는 주장들이 일리가 있다는 뜻이기도 하다. 레퍼렌덤은 혁신적인 정치 지도자들의 정력적인 활동을 침체시킬 수도 있다. 다수의 즉각적인 선호에 부합하지 않는 법률을 통과시키면 레퍼렌덤의 반대에 부딪힐 수 있기 때문이다. 이러한 위축 효과 때문에 사람들의 견해 변화가 필요한 사안에 대해서는 혁신적인 정치가 제대로 이루어지기 어렵다.

또한 레퍼렌덤은 대표들이 결정하기 힘든 미묘한 문제들을 진지한 토론과 심의로 해결하기보다는, 구성원들의 직접 투표에 맡겨버리려는 정치 문화를 부추긴다. 그런데 이렇게 임무를 떠맡은 인민은 토론 과정에 꼭 참여하지 않아도 되고, 자신이 막연히 갖고 있는 인상으로만 투표해도 되기 때문에, 복잡한 문제들을 합리적으로 다룰 능력이 없는 상태로 의사 결정에 임하는 경우가 많이 생길 수 있다. 더군다나 레퍼렌덤은 복잡한 정치 문제를 단순히 '예'와 '아니요'로 단순화시키기 때문에, 심도 깊은 토론을 배제시키는 경향이 있다. 의회에서는 사안에 대해 의견이 다른 양측이 서로의 지적을 받아들여 안을 개선하거나 타협할 여지가 있다. 그러나 레퍼렌덤에서는 그럴 여지가 없다. 그래서 '예'와 '아니요'를 각각 지지하는 세력들 사이의 갈등이 토론이라는 중개 절차를 거치지 않고 격화될 위험이 있다. 또한 '예'와 '아니요'로 투표가 이루어지기 때문에, 그렇게 단순화될 수 없는 지지의 강도를 무시할 뿐만 아니라 제시된 정책에 대한 반대를 넘어선 대안을 풍부하게 논의하지 못하게 한다.[7] 게다가 레퍼렌덤은 원칙적으로 모든 시민들이 참여해야 하지만, 실제로는 늘 대표를 선출하는 선거보다 훨씬 적은 사람들만이 참여한다. 그래서 그 정당성에 대한 의문이 항상 제기된다. 레퍼렌덤의 투표율이 더 높았더라면 대표들의 결정을 승인하는 결과가 나왔을지 모른다는 문제 제기가 항상 있기 때문이다.

레퍼렌덤은 대의제의 선거와 투표가 가진 결함의 많은 부분을 그대로 받아안는다. 그래서 특수 이익집단이 통상적인 의회의 의사 결정 과정에서는 도저히 막지 못하는 입법안에 반대하기 위해 레퍼렌덤을 이용할 수도 있다. 특정 회사나 특정 산업 분야의 이익집단들은 천문학적인 돈을 레퍼렌덤 기간에 집중적으로 쏟아부어 대중의 즉각적인 선호를 조작하고, 그러한 숙지되지 못한 선호를 이용해 원래는 막지 못할 법안을 막거나 원래는 통과시키지 못할 법안을 통과시킬 수 있다. 또한 레퍼렌덤은 투표에 중점을 두기 때문에 소수의 의견이나 이익이 제대로 고려되기 힘들다. 레퍼렌덤에서 결정된 일을 의회 차원에서 수정할 수 없도록 규정했을 때 이런 문제는 더욱 심화된다. 의회는 이전 회기에서 결정된 일을 뒤집을 수 있다. 그런데 레퍼렌덤의 결과를 쉽게 뒤집을 수 있게 하면, 거기에 소요된 어마어마한 비용과 자원이 다 쓸모없게 된다. 그리고 이 비용은 많은 부분 공적 재정으로 지원되기 때문에 정치적 의사 결정 과정 비용이 많이 높아진다. 이런 비용상의 문제 때문에 레퍼렌덤은 때때로만 실행되며, 그래서 대부분의 의사 결정 과정을 제대로 통제하지 못한다.

그렇다면, 레퍼렌덤에서 간취할 부분은 이것이다. 첫째, 대표자가 선출되고 나서 공약한 것과 정반대로 정책을 전환하거나, 거대한 정책 패키지 중 일부만 선거에서 동의를 받아놓고 나머지까지 한꺼번에 시행하는 폐단을 막기 위해 시민들이 의회나 행정부의 결정을 뒤집을 수 있는 최종적인 제도적 권한이 필요하다. 둘째, 그러나 이러한 제도적 권한은 단순히 '예'나 '아니요'를 선택하는 정도의 수준으로 협소화되어서는 안 된다. 셋째, 대의제를 보완하는 직접민주주의 제도는 적은 비용과 적은 참가자로 대표성을 가질 수 있도록 운용되어야 한다. 실질적인 통제력과 함께 정당성을 갖추기 위해 항상 많은 시민들이 참가해야 하고 비용이 많이 드는 제도는 일상적으로 실행하기 곤란하기 때문이다. 이렇게 될 때 시민들이 직접 통제한 사안도 다음 회기 의회에서 다시 뒤집어질 수 있는 가능성이 생기기 때문에 경직성도 완화할 수 있다. 넷째, 직접민주주의적 의사 결정 절차에는 반드시 진지한 토론이 필수 요소로 포함되어야 한다. 그것은 즉각적인 선호와 돈의 영향을 최소화하고, '심의의 부족'과 '소수자의 권리 보호'에 대한 장치를 마련하며, 대의제 바깥에 있는 장치가 아니라, 전반적인 의제를 효과적으로 통제하는 장치여야 하기 때문이다.

레퍼렌덤에 관한 내용은 소환제에도 거의 그대로 적용된다. 소환제는 부패나 정치적 실책과 연루된 정치가나 행정가를 직위 해제시키기 위해, 확정판결이 나기 이전이나 판결 대상이 아닌 문제에 대해 문제를 제기하고, 서명을 일정 수 이상 받은 뒤 소환 투표를 실시해 직위 해제를 결정하는 제도다. 소환은 대표가 제대로 임무를 수행하지 않을 때 공직에서 끌어내리는 시민들의 직접적 권한으로, '문 뒤의 총'이라고 불린다. 즉 정치가와 행정가의 책임을 강제하는 무기인 것이다. 이 제도 또한 레퍼렌덤처럼 많은 서명과 직접 투표를 필요로 하며, 직접적이고 즉각적인 선호와 그 시점의 다수의 판단에 호소한다. 총은 매우 무겁고, 복잡하고, 많은 사람들이 함께 당길 것을 요구한다. 그리고 때때로 뒤로 발사되기도 한다.[8] 소환 투표에는 보통 선거 때보다 적은 사람들이 참여하기 때문에, 다수의 지지를 얻어 선출된 사람을 강렬한 반대 의사를 가진 소수가 끌어내릴 수도 있다. 현재 다수가 싫어하지만 소수의 이익을 공정하게 고려하고 사회 변화를 위해 꼭 필요한 정책을 펼치는 혁신적인 정치가에게도 불리하게 작용한다.[9] 특히 자세히 살펴보지 않고 언뜻 보면 다수가 싫어할 만한 정책인 경우, 이익집단들이 즉각 소환을 활용하려고 대규모 자원 투입에 나설 수도 있다.

또한 단순 다수제로 선출된 사람을 소수파가 연합해서 끌어낼 수도 있다. 이 때문에 소환 투표가 쉬운 통치 단위에서는, 정치적 경쟁자들이 정책으로 승부하는 대신에 재임 중인 사람을 어떻게 하면 소환으로

끌어내릴 수 있을까 하는 고민에 골몰하게 된다. 게다가 소환은 대표자를 끌어내릴 만큼 중대한 사안이 아니라 대중의 즉각적인 감정에 불을 붙이는 쟁점 때문에 쉽게 사용될 수 있다. 이걸 막다보면 소환은 매우 어려워지고 거의 사용하지 않게 된다. 실제로 이런 난점을 최소화하기 위해 시행되는 많은 소환제들에는 매우 까다로운 조건들이 붙는다. 소환제는 아주 가끔 부패 정치인을 끌어내리기도 한다. 하지만 부패하거나 무능력한 정치가들이 소환을 두려워해 책임 있게 행동한다는 증거는 별로 보이지 않는다.

소환제는 매우 둔탁한 도구다. 하지만 소환제가 이 모든 단점들에도 호소력을 갖는 이유는 단 한 가지다. 현재 대의제에서 정치가가 임기 내에 책임 있게 행동하지 않을 때, 공약한 것과 반대로 갈 때, 법정에서 판결을 받아내기에는 시간이 너무 걸리는 부패 행위를 저질렀을 때, 이를 좌시하지 않을 수 있는 상징적 도구를 준다는 것이다. 이러한 통제가 상징적인 수준에 그치지 않으려면, 소환제라는 무겁고 둔탁한 도구보다 예리하고 가벼운 도구가 필요하다.

시민의 권한을 강화하는 참여 제도

정치학자 아콘 펑과 사회학자 에릭 올린 라이트의 '현실적 유토피아 프로젝트 시리즈' 가운데 하나인 『민주주의 심화하기』에는 새로운 민주주의의 실험 모델들이 많이 소개되어 있다. 펑과 라이트는 이 모델들을 '심의적 참여민주의Empowered Participatory Democracy'(EPG)라고 불렀다. 이것은 단순히 '예와 아니요', '소환이냐 아니냐'를 다루는 직접 민주주의의 부분 제도들보다 훨씬 정교하게 사안을 다룰 수 있는 직접 참여 제도가 어떻게 작동할 수 있는지 보여준다. 여기서는 이 책에 소개된 모델 중 대표적인 세 가지만 살펴보겠다.

시카고 지역통치위원회[10]

시카고는 재정 지원을 늘렸음에도 교육과 치안 문제가 잘 개선되지 않자 주민들이 참여하는 토론과 심의, 의사 결정을 통해 교육과 치안 문제를 다루는 제도를 도입했다. 이 중에 치안 제도를 살펴보자.

시카고는 치안이 나쁘기로 유명한 도시다. 전통적인 방식의 치안 활동과 재정을 아무리 늘려도 여전히 효과는 별로 없었다. 이에 시카고 경찰국은 1990년 말 치안에 관한 의사 결정 구조를 탈중앙집중화하고, 민주적 모델로 다시 짰다.

우선 시를 280개의 치안 구역으로 나누었다. 그리고 매달 열리는 '공동체 치안 구역 회의'를 구성했다. 이 회의에는 구역 치안에 관심 있는 거주자와 경찰관이 참가했다. 회의에서 그들은 공공 안전 문제를 논의했다. 그리고 우선순위를 부여해 중심 사안을 결정하고 계획을 세웠다. 그것으로 끝이 아니었다. 계획이 실제로 실행되면, 회의 구성원들이 모니터를 했다. 그리고 실행 과정에서 발견된 문제점을 해결하기 위해 임무를 분담했다. 일정 기간이 지나면 실행한 계획의 효과를 평가했다. 그리고 이 평가를 바탕으로 계획을 수정해 새롭게 우선순위를 정하고 새로운 계획을 시행했다. 시민단체도 참여해 치안 구역 회의를 도왔다. 지방 당국은 조직가와 교사를 고용해 문제 해결 기술을 가르쳤다. 그 결과, 치안 상황이 심각했던 시내 거주 지역을 필두로 치안 상황이 많이 좋아졌다.

미국 거주 동물 보호 계획[11]

미국에는 전국적으로 멸종위기동물보호법이라는 표준화된 법이 있었다. 이 법은 멸종 위기 동물이 거주하는 곳에서 이런저런 개발 행위들을 획일적으로 금지하는 법이다. 법 자체의 취지는 좋았지만 여러 가지 불만이 쏟아졌다. 개발자와 땅 소유주 측에서는 법 때문에 불필요한 경제적 손실이 너무 크다고 불평했다. 지역 환경운동가들 역시 법에 규정된 지침만 지키면 동물이 실제로 보호되든지 말든지 상관없는 현실에 안타까워했다.

1982년 하원에서 새로운 프로그램이 입안되었다. 바로 '거주 동물 보호 계획'이었다. 이 프로그램은 멸종 위기 동물들의 거주 지역에서, 우발적으로 일어나는 사고를 제외하고, 동물의 생존과 회복에 영향을 미치지 않는 인간의 행위를 허용했다. 그와 함께 지역의 이해관계자(지역 공무원, 주 공무원, 전국 기관, 개발자, 환경운동가, 지부 조직)들이 모여 지역 현실에 맞는 구체적인 프로그램을 설계하고 모니터하는 권한을 부여했다. 프로그램에서는 우선 어떤 동물이 몇 마리 유지되어야 한다는 식의 양적인 목표가 제시되었다. 그러면 이해관계자들 회의에서 구체적인 정보를 바탕으로 적합한 수단을 설계했다. 설계된 방책은 실행되었고, 이해관계자들은 다시 이 방책의 실행 과정을 감시 감독했으며, 일정 기간이 지난 뒤에 효과를 평가했다. 평가 결과 더 나은 방법이 있으면 지역의 법률 조항을 다시 수정했다. 최근에 수정된 동물보호계획

법은 회의 참여자들이 문제 해결에 필요한 지식과 기술을 배울 수 있는 기회를 가지도록 했다. 또 결과에 대한 책임성을 제고하는 제도 변화도 있었다. 중앙 기관은 각 지역의 프로그램 실행 사례를 집적한 뒤 기록으로 남겨, 다른 지역이 참고할 수 있도록 확산시켰다.

브라질 포르투알레그리의 참여예산제[12]

포르투알레그리는 브라질 히우그란지두술주의 주도다. 브라질은 정치 엘리트가 유권자 일부와 후원자-피후원자 관계를 맺는 정치 문화가 강한 나라였다. 조직된 유권자들이 특정 정치 엘리트를 선출해주면, 그 엘리트가 자신을 밀어준 유권자들의 특수 이익에 유리한 예산을 짜고 정책을 시행하는 식이었다. 포르투알레그리도 마찬가지였다. 이 때문에 진정으로 필요한 공공 이익은 외면당했다. 특히 후원자 조직이 없는 집단에 속한 빈민들은 지역 행정의 혜택을 거의 받지 못했다. 전체 예산의 64퍼센트가 위법적으로 지출, 분배되었을 정도로 사태는 심각했다. 그러다 노동자당이 이 시에서 집권했고, 노동자당 주도 아래 좌파 연합이 지역 참여예산제를 시행했다. 새로운 예산 제도는 상당한 효과를 보았다.

매년 3월에 연간 계획 회의가 열린다. 시 정부 대표가 전년도 예산을 보고하면 회의 구성원들이 이를 검토한다. 회의에는 도시 행정가, 관료, 지역 조직의 대표, 청년 클럽, 보건 조직 그리고 관심 있는 시민이 참여한다. 다만 투표권은 오직 지역 거주민에게만 주어진다. 이 회의에서 대표가 선출된다. 대표는 다음 연도 예산 지출의 우선순위를 정하는 회의에 참석한다. 회의는 세 달에 걸쳐 이루어지며 검토를 마친 뒤, 대표는 예산 계획을 갖고 지역 회의로 돌아간다.

지역 회의에서는 이 첫 번째 계획안을 검토하고 나서 수정된 두 번째 계획안을 제안한다. 그러면 지역별로 두 명의 대표를 선출해 참여예산위원회에 보내는데, 거기에 모인 사람들이 다섯 달 동안 시 전역의 예산을 짠다.

참여예산위원회는 각 지역의 연간 계획 회의에서 선출된 대표 2명, 다섯 가지 '주제별 분야'에 각각 4명씩 배정된 대표 20명, 시 노동조합 대표 1명, 지역 노조 대표 1명, 시 중앙 기관 대표 2명으로 이루어진다. 이들이 7월부터 9월까지 약 세 달간 지역 단위에서 수립된 도시 예산을 점검하고 시 전체 차원에서 조정한다. 이 예산위원회에 참가하는 민간 대표들은 대부분 비전문가다. 그들은 시에서 제공하는 예산에 관한 수업과 세미나를 듣는다. 위원회는 매년 9월 말에 시장에게 예산안을 제출한다. 그러면 시장은 이를 수용하거나 거부권을 행사해 수정을 요구할 수 있다. 위원회도 그것을 받아들이거나 투표로 무력화시킬 수 있다. 즉 지역의 연간 계획 회의가 열리고, 여기서 선출된 대표들 회의에서 지역 회의 결과를 검토하고, 다시 지역 회의에서 수정된 계획을 제안하고, 마지막으로 위원회에서 예산을 짜 시장에게 제출하는 것이다.

참여예산제를 시행한 결과 예산의 우선순위가 더 체계적으로 잡히고, 예산이 더 필요한 곳에 더 효율적으로 사용되었다. 1996년 약 8퍼센트의 성인 인구가 지역 회의에 참여했고, 그 이후 참여자 수는 꾸준히 늘었다. 이런 회의에서는 소수자나 저소득층, 저학력층이 목소리를 죽이게 된다는 우려가 있었지만, 그 계층의 사람들이 덜 말하거나 권위를 양보한다는 어떤 증거도 없었다. 참여자들 역시 그런 일은 없다고 말한다. 성, 교육, 가난 어느 것도 위원 선출에 유의한 영향을 미치지 않았다. 게다가 심의 과정에는 많은 학습 프로그램들이 포함되어 있었다. 새로 들어온 사람은 그 프로그램을 통해 필요한 지식을 똑같이 익힐 수 있었다. 참여자가 더 많아질수록, 시 안에서는 예산에 관해 논의하는 사람들이 다른 사람들과 더 많이 연결되었다. 참여예산제를 실시한 이후에 포르투알레그리에서는 많은 시민단체들이 조직되고 활동했다. 이들은 어떤 부분에 예산이 필요한지 정보를 모으고, 정교하게 정리하고, 제출하는 역할을 했다. 위원회는 이런 시민단체들과 계속 교류하면서 그들 사이의 분쟁을 조절하기도 하고, 문제 해결에 도움을 받기도 했다. 관행적으로 도장이나 찍는 것이 아니라 진짜 혁신이 매년 이루어졌다. 매년 새로운 리더가 새로운 아이디어를 갖고 나타났고, 매년 2~3개의 시민단체가 생겼다. 인터뷰에 응한 104명 가운데 절반이 참여예산제를 통해 결사체 운동에 참여하게 되었다고 답했다.

어떻게 해서 많은 시민들이 꾸준히, 점점 더 많이 참여하게 된 것일까? 예산 정책은 그 자체가 선전 효과를 낳았다. 주민들이 꼭 필요하다고 한 곳에 도로가 깔리고 가로등이 설치되니 많은 주민들이 그 효과를 실감했던 것이다. 그래서 주민들은 참여예산제에 더 많은 관심을 갖고 더 많이 참여하게 되었다. 게다가 시 정부는 지역 운동가들을 고용해 적극적으로 참여를 조직하고 독려했다. 처음에 사람들은 딱히 심의를 하고 싶어서가 아니라, 어떻게 하면 자기 지역에 조금이라도 더 많은 예산을 가져갈까 하는 관심 때문에 지역 회의와 위원회에 참여했다. 하지만 막상 다른 지역 사람들과 이야기를 하다보니 그들의 필요를 인식하고 인정하게 되었다. 그래서 연대를 발전시키고, 그들의 이익을 폭넓은 방식으로 재규정했다. 처음에는 직접적인 이익을 추구하는 참여가 배움을 촉발시켰고, 그 배움이 참여자들의 공적 추론 능력을 향상시켰던 것이다.

알게 된 것들

이러한 참여 제도의 실험에서 간취할 점이 몇 가지 있다.[13] 우선 참여 제도가 시민들에게 권한을 부여하고 시민들의 구체적 관심사를 다룰 때 시민들은 점점 더 많이 참여한다. 시민들의 참여는 대표나 관료가 일방적으로 정책을 계획했을 때는 나오지 않을 대안들을 만들어낸다. 시카고 치안 구역 회의의 경찰관들은, 그들이 결코 생각해내지 못했을 지점과 해결책을 시민들이 제시했음을 인정했다. 정당과 관료 기구는 소통의 고리가 길다. 그래서 아래로부터의 의견이 위에까지 도달하지 못하고, 도달했다 하더라도 단순한 참고 사항으로만 쓰일 뿐 결국 상부의 의견이 결과를 좌우한다. 반면에 참여 제도는 소통의 고리가 짧고, 시민들의 이익에 상반되는 것을 그때그때 지적함으로써 바로잡았다. 포르투알레그리에서 주된 성취는 예산이 전통적인 정치 엘리트와 후원자의 유착–보상 구조로 낭비되고 불공정하게 쓰이는 것을 바로잡고, 꼭 필요한 곳에 제대로 쓰이게 했다는 데 있다.

참여의 형태가 단순히 투표에 그치지 않고, 토론 중심이 될 때 의사 결정의 질은 높아진다. 이 제도들은 참여자들의 기존 선호를 단순히 모아서 집계하지 않았다. 이유를 제시해 설득하고 견해를 변화시키는 토론 과정을 필수 절차에 포함시켰다. 이것은 단순히 엘리트들이 명령하고 통제하는 것, 의사를 투표로 단순 집계해 수를 세는 것, 힘을 바탕으로 전략적 교섭을 하는 것과 다르다. 엘리트들의 명령과 통제는 시민들의 이익에 반하는 쪽으로 향하기 쉽고, 현장에 밀착된 적절한 정보와 권리 주장에 대한 논의가 결여된 상태에서 결론이 내려진다. 또한 투표만으로 의사를 집계하면 취약한 소수를 보호할 수 없다. 그리고 그 의사는 계몽된 이해와 멀어진다. 전략적 교섭은 힘의 크기에 결론이 좌우되기 때문에, 이미 힘이 우세한 쪽에게 불공정한 이득을 안겨주고 그들의 의견에 따라 비합리적인 결론까지 도출된다. 반면에 심의 과정이 필수 절차로 포함된 참여 제도하에서 시민들은, 처음에는 자신들의 이익을 증진시키려는 목적으로 참여했지만, 토론 과정에서 변했다. 이유를 제시해 설득하고 다른 사람들의 의견을 경청하는 과정에서, 자신들의 이익을 훨씬 더 폭넓게 정의하고 공동체 구성원 전체의 관점에서 보편적으로 사고하고 말하는 법을 알게 되었다.

이러한 제도들은 한편으로 분권화된 의사 결정을 촉진시킨다. 중앙 정부 기관과 의회에서, 위에서 아래로 이루어지던 결정이 아래서 위로 바뀌어 이루어졌다. 지역 단위에서 시민들이 직접 참여해 안을 제안하고 논의한 것을 기초로 모든 의사 결정이 시작되고 점검되는 것이다. 다른 한편으로 분권화된 의사 결정을 파편화된 상태로 놓아두지 않는다. 각 자치 기구는 상위 단위와 연결되어 있고, 그들의 논의는 조정되었다. 그리고 시민들의 질 높은 의사 결정을 위해 필요할 때는 전문가와 관료들의 도움과 교육이 제공되었다. 이러한 의사 결정 과정은 공공 기관 자체를 바꾼다. 공공 기관이 문제를 포착하고 처리하는 방식의 전체 성격을 바꿔놓는 것이다. 시민들이 문제를 포착하고, 의제를 설정하고, 실행을 모니터하는 일이 해당 국가 사무에 진지하게 반영된다.

시민들에게 토론과 의사 결정 권한을 부여하는 직접 참여 제도는 효율적이고 평등한 정책을 낳는다. 보다 긴절한 곳에 자원이 배분되고, 시민들이 스스로의 문제를 직접 다루고 있다는 자기 통치감을 강화시킨다. 이러한 제도가 작동하는 국가 정책 실행에 대해서는 정치 혐오가 지속되기 어렵다. 시민들에게 기회가 주어지고, 실제로 그 기회를 행사하기 때문이다. 그러나 이러한 참여 제도들도 여전히 한계는 있다.

첫째, 제도들은 지역 수준에서만 실험되었고, 전국 차원에서는 이루어지지 않았다. 지역 차원의 자치는 일정한 한계를 갖는다. 예를 들어 전국 차원에서 환경보호 수준이 민주적으로 규정되지 않으면, 지역에서는 일자리 창출을 이유로 환경 오염 기업을 경쟁적으로 유치하는 정책에 찬성할 수도 있다. 또한 참여예산제를 실시한 모든 시에서 효과적인 결과가 나온 게 아니라는 점은, 우호적인 여건이 갖춰지지 않은 곳에서는 오히려 지역 유지 같은 지방 엘리트들의 지배만 더 강화시킬 수 있다는 점을 보여준다. 명시적인 성과가 보이지 않는 참여 제도에 시민들이 계속 열의를 보이기는 힘들다. 시민들의 열의가 떨어지면 지역 엘리트들이 자신들과 긴밀하게 연결된 사람들을 동원해 쉽게 의사 결정 기구를 장악할 수 있다.

둘째, 치안, 교육, 예산 등 많은 정책 사안들을 일일이 분야별 기구로 나눠서 심의하면, 정치는 파편화될 수 있다. 하나의 큰 프로그램을 추진하는 정부 능력이 약화되는 것이다. 분야별로 나뉜 심의 기구들은 더 큰 규모의 의제를 정식화하고 관철시킬 수가 없다. 이런 분야별 참여 제도를 모든 분야의 정치적 의사 결정 제도로 일반화한다면, 결국 각각의 작은 이슈에 대한 수백 개의 심의체가 난립할 것이다. 이는 각 의제 영역의 상호연관성을 가릴 뿐만 아니라, 중요한 근본 문제들을 의제 밖으로 밀어내버릴 수도 있다.

셋째, 분야별 심의체가 성과를 거두려면 지속적인 참여가 전제된다는 점에서 너무 많은 것을 요구한다. 행정부의 업무 가운데 아주 일부만을 이 틀로 바꿔서 처리한다고 해도 무시 못할 정도의 참여를 요구한다. 처음에는 관심을 모으다가도 시간이 지나면 참여율이 떨어질 수 있다. 포르투알레그리에서 만약 예산만이 아니라 다른 수십 가지 문제도 추가해 여러 개의 심의체를 만들었다면 그만한 참여율이 유지되었을까? 너무 많은 저녁 시간을 뺏기게 되면 사람들은 진이 빠질 것이다. 그리고 무임승차 문제가 다시 대두될 것이다. 굳이 자신이 나서지 않더라도 남이 나서서 시간을 투자하면 지역의 현안이 해결되니, 그 시간을 오직 자기만을 위해 투자할 수 있다. 이런 식으로 하나둘 생각하면, 심의 제도는 안정성과 유지 가능성 모두를 잃는다. 즉 처음에는 혁신적이고 참여율도 높아서 많은 이득을 낳지만, 시간이 지나면서 개선 사항도 관성화되고 심의의 성과도 점차 줄어들어 시간 낭비라는 생각이 만연하면, 바로 관료제가 다시 그 자리를 대체할 것이다.

시민들이 참여에 대한 보상이 생각보다 좋지 않다는 것을 깨닫고 탈진해 그만두면 제도는 없어진다. 더군다나 관료제가 다시 그 자리를 메우기 전에 참여의 보상이 큰 의제와 관련된 이익집단이 발호한다면, 참여 실험은 매우 좋지 않은 뒤끝을 남기고 폐지될 것이다. 실제로 미국에서는 각종 지역 자치 기구들에 대한 투표가 수없이 이루어지는데, 투표해야 할 데가 너무 많아서 투표의 질이 낮아지는 문제가 생기곤 한다. 무엇에 관해 투표하는지도 모른 채 분야별 심의 대표들을 뽑는 것이다. 그러므로 의제의 영역별 심의 구조라는 아이디어는 전국 차원에서 일반화할 수 있는 해결책이 아니다. 지역 예산의 경우에는 하나의 독립된 심의 구조를 둘 만하다. 예산은 거의 모든 의제 영역과 연관이 있고, 지역 주민들의 삶과도 직결되기 때문이다. 그러나 다른 분야에서는 혁신을 위해 필요한 동안에만 이런 제도를 작동하는 것이 타당하다. 이와 동일한 심의 구조를 모든 분야에 적용해 항상적으로 운영하는 것은 불가능할뿐더러 그 여건조차 마련되지 못할 것이다.

그렇다면 더 나은 민주주의에 대한 꿈은 포기해야 하는가? 그렇지 않다. 여기서 우리는 발상을 전환할 필요가 있다. 참여적 심의민주주의는 직접민주주의와 동일한 열망에 의해 추동되는 것이 아니다. 모두가 모든 문제들에 관여해야 한다는 이상은 현실의 벽에 부딪히면 금방 실망을 낳는다. 문제는 '모두가 모든 문제들에 관여하는' 형식이 아니라, '모두가 참여해 숙고된 토론을 거쳐 나온 결과'와 같은 결과를 늘 낳게 하는 압력을 지닌 의사 결정 양식을 찾는 것이다.

우리의 과제

대의제와 공존해온 부분적 직접민주주의의 제도들을 살펴보고 나면 다음과 같은 점을 알게 된다. 우선, 레퍼렌덤이나 소환제 같은 투표 형태의 부분적 직접민주주의 제도들이 존재하는 대의 체제는 그것이 없는 대의 체제와 그 민주성에서 질적으로 크게 다르지 않다. 레퍼렌덤이 있는 미국의 몇몇 주들이 영국이나 덴마크보다 더 나은 민주주의를 운영하고 있다는 근거는 없다.

다음으로, 토론을 필수 절차로 포함시키지 않은 직접민주주의는 통상의 여론 정치가 지닌 취약점에 그대로 노출된다. 투표자들은 이론가들이 우려하는 정도보다는 의안에 대해 많이 알고 있지만, 여전히 그 정도는 많이 부족하다. 그래서 많은 경우에 신중하고 사려 깊은 비판적 결론을 내리지 못한다. 특히 돈의 위력은 거의 모든 실증 조사 결과에서 드러났고, 투표 참가율 역시 집단별로 늘 비례적이지는 않다. 계몽된 이해와 온전한 대의라는 이상은 제대로 구현되지 못한다.

반면에 곧바로 직접 투표를 하거나 단순히 대표만을 뽑는 데에 그치지 않고 시민들이 직접 아이디어를 내고, 우선순위를 정하고, 자원을 배분하는 방식은 상당한 의미를 갖는다. 다만 이러한 제도는 전국 차원에서, 그리고 모든 분야에서 항상 작동하기에는 한계가 많다.

그렇다면 우리의 과제는 다음과 같을 것이다. 직접민주주의가 열광적인 100퍼센트의 숙고된 참여를 지속시킬 수 없는 한, 대표 문제는 여전히 남는다. 그렇기에 중요한 것은 직접민주주의의 제도를 활용함으로써 대표를 얼마나 견제할 수 있고 책임감을 갖게 할 수 있느냐다.

직접민주주의는 대의민주주의를 대체할 수 없다. 그러나 토론을 필수 절차로 포함하며 견제 역할을 하는 직접민주주의의 기제는, 대의민주주의가 목표로 했지만 홀로 온전히 달성하지 못했던 이상, 민주적 정당성, 책임성, 반응성, 광범위하고 사려 깊은 토론, 온전한 대표성을 더 잘 달성하게 해주는 촉진제와 보완제가 될 수는 있다. 그리고 그럴 때 그 체계는 심의민주주의라는 이상에 한층 더 가까워질 것이다.

8장

심의민주주의의
탄생

심의민주주의란 무엇인가

심의민주주의 설계를 위한 일곱 가지 지침

심의민주주의란 무엇인가

지금까지 민주주의에 대한 평가 기준, 엘리트주의의 도전, 그 도전에 충분히 응전하지 못해 생긴 계몽된 이해와 온전한 대의라는 과제, 구성 요소별로 살펴본 대의제의 문제, 단순 직접민주주의의 모델, 직접민주주의의 부분 제도 등을 다루었다. 이를 통해 우리는 대의민주주의를 보완한 새로운 민주주의 제도의 필요성을 알게 되었다. 이 새로운 민주주의에는 꼭 필요한 두 가지 조건이 있다. 첫째, 계몽된 이해를 지닌 시민이 실질적인 권한을 가지고 참여할 통로가 있어야 한다. 둘째, 이 통로를 통해 형성되는 숙고된 의사는 온전한 대의를 구현해야 한다.

　학계에서는 이 두 가지 조건을 갖춘 민주주의를 '심의민주주의審議民主主義'*라고 명명하며 오랜 기간 논의를 해왔다. 여기서 '심의'란 함께 토론하고 숙고하여 어떤 문제에 대한 해답을 찾는 활동을 말한다. 결국 심의민주주의는 토론하고 숙고해 해답을 찾는 과정을 핵심으로 하는 민주주의다. 심의민주주의는 이미 주어진 선호를 집계하는 민주주의 aggregative democracy와 대비된다. 이미 주어진 선호는 토론 전에 이미 고정된, 바뀌지 않는 선호다. 이는 대표에 대한 선호일 수도 있고, 구체적인 특정 정책에 대한 선호일 수도 있다. 이런 선호를 그냥 집계해 수치화해서 승자를 발표하는 것은 계몽된 이해와도, 온전한 대의와도 거리가 멀다.

반면 심의민주주의는 시민들 간의 심의, 대화, 토론, 의사소통을 통해 개인들이 자신의 의사를 계속 변화시켜가면서 합의한 집단적 의사를 형성하는 민주주의다. 이 민주주의에서는 시민들의 선호가 고정되어 있다고 보지 않는다. 항상 대화, 토론, 심의를 통해 변화할 수 있다고 가정한다. 주어진 선호를 집계하여 그중에서 집단적인 선호를 선택하는 것이 아니라, 상호 발견, 설득, 교정을 통해 공공 의사 또는 집단적 의사를 형성해나가는 과정을 민주적 과정이라고 보는 것이다. 공공 토론은 시민들이 자신들의 선호를 형성하고 더 나은 방향으로 수정하며, 자신들의 잘못된 선호를 교정할 기회를 제공한다.

심의민주주의의 이상을 거부할 수 없는 이유는 '정당성'에 있다. 어떤 국가정책이 정당하다고 할 수 있기 위해서는, 그것이 동등한 사람들

---

* 'deliberative democracy'의 번역어로 '심의민주주의'와 '숙의민주주의'가 쓰이고 있다. '심의'는 어떤 사안을 심사하고 토론한다는 뜻이고, '숙의'는 어떤 사안을 깊이 생각하여 충분히 의논한다는 뜻이다. 이 중 민주주의 내에 토론 절차가 공식적으로 제도화되었다는 의미를 좀 더 강조하는 취지에서 '심의'라는 용어를 쓰기로 한다.

의 자유로운 공적 심의를 통해 정당화된 것이어야 한다. 우선, 토론자들이 불평등한 위치에서 한쪽이 다른 쪽을 힘으로 누르거나 제재를 가하거나 이익을 철회한다는 식의 위협을 통해 자신들의 의사를 관철시킬 수 있다면, 그것은 힘의 노골적인 표현일 뿐 결코 정당성을 얻을 수 없다. 또한 자유로운 토론이 아닌 부자유한 토론에서는 어떤 고려 사항이나 주장이 배제될 수 있는데, 이런 왜곡되고 결함 있는 논의 과정을 통해 나온 결론은 정당성을 가질 수 없다. 마지막으로, 의사 결정과 관련된 지식을 아는 상태에서 합리적으로 사유하는 이들이 서로의 이익을 동등하게 고려해 함께 숙고한 경우가 아니라면, 다들 원해서 내린 결정이라도 어리석거나 부당한 결정이 될 수 있다. 따라서 평등하고 자유로운 공적 심의는 민주주의의 정당성을 확보하기 위해 꼭 필요한 활동이다. 그래서 심의민주주의에서는, 다수의 시민이 숙고하지 않고 개개인이 표출한 선호를 단순 집계한 결과를 민주적인 결정에 따른 결과로 인정하지 않는다. 국가의 이런저런 결정들은 공적 심의라는 수문을 거쳐야만 민주적 결정이라고 불릴 수 있다.

그런데 토론자들이 동등해지려면, 시민들의 직접 참여 통로가 필요하다. 그렇지 않으면 직접 통치와는 단절된 일반 시민과 정치 엘리트들로 양분될 수밖에 없다. 이러한 단절 아래서는 일반 시민들의 숙고가 엘리트들의 결정을 심의된 결정으로 올바르게 유도할 수 없다. 하지만 심의민주주의에서는 시민과 대표의 절대적인 분업과 단절이 일어나지 않는다. 시민과 대표가 모두 심의에 참여하고, 대표와 시민 간의 거리는 좁혀지고 경계는 보다 얇아진다.

심의민주주의는 따라서 다음과 같은 장점을 가진다.[1] 첫째, 각각의 개인들이 조금씩은 쥐고 있지만 전체 그림을 볼 수 있을 만큼은 안 되는 정보와 지식들을 서로 공유할 수 있는 정보의 저수지를 만들 수 있다. 환경오염 규제의 예를 생각해보자. 현대의 산업 활동은 어느 것이나 다소간 환경을 오염시킨다. 그런데 어떤 활동이 오염을 가장 많이 발생시키는지, 그런 오염이 실제로 어떤 피해를 일으키는지, 그런데 어떤 규제가 오염 물질은 줄이지 못하면서 지나치게 산업 생산 활동을 방해하는지 등은 관련 당사자와 전문가가 직접 모여 자신이 보유한 정보와 지식을 함께 나누기 전에는 제대로 알기 힘들다. 하지만 대의제에서는 환경오염을 줄여야 한다는 일반적인 압력에 따라 대표들이 획일적인 규제의 틀을 만들어, 막상 현장에 가보면 그 규제들이 제대로 지켜지지 않는 경우가 비일비재하다. 이는 단지 당사자들이 악의적이어서가 아니다. 대의제에서 규제는 보통 어떤 사건이 터지고 나서 급히 도입되고, 그래서 고려해야 할 사항 중 일부만을 보고 만들어져, 현장 밀착형의 효과적이면서도 부작용이 없는 다른 방안들을 고민하지 못하는 경우가 많기 때문이다. 그러나 심의민주주의에서는 실제 효과를 내면서도 관련 당사자들의 사정을 고려하는 최선의 대안을 만들 수 있는 여건이 마련된다. 환경오염과 관련한 자세한 사정, 곤경, 어려움이 드러나고, 다양한 대안들이 제시되고 논의될 수 있기 때문이다. 예를 들어 특정 오염 물질 저감 기술을 사용할 것을 일률적으로 정하는 규제는, 그보다 더 효과적으로 오염 물질을 줄이면서도 더 비용이 적게 드는 기술을 사용하지 못하게 한다. 또한 아직은 그런 기술이 개발되지 않았다 할지라도, 획일적 규제가 있으면 그런 기술을 개발할 유인을 없앤다. 단순히 현재의 규제를 지속할 것이냐, 규제 수준을 더 높일 것이냐, 처벌을 더 강화할 것이냐의 일도양단적이고 공론空論적인 논의를 넘어설 수 있는 것이다.

둘째, 개별적인 결정의 '제한된 합리성'을 극복하는 데 더 낫다. 개인이나 개별 집단이 자기 입장에서만 생각해보고 결정을 내렸을 때는 합리성이 크게 제한된다. 소비자의 입장에서는 환경이 최대한 적게 오염되기를, 생산자의 입장에서는 환경오염 규제가 최대한 느슨하기를 바랄 것이다. 그래서 현실과 괴리된 획일적인 규제법을 도입해놓고, 외관상으로는 지키면서 실질적으로는 오염 물질을 더 배출하는 역설적인 결과가 나올 수 있다. 게다가 각 지역이 기업들을 경쟁적으로 유치하려고 하다보면, 자기 지역의 환경오염 규제 수준을 낮추려는 동기가 생긴다. 이에 따라 경쟁적으로 규제 수준을 낮추다보면 생산자 측의 이득만 관철되는 결과가 생길 수 있다. 이것이 바로 '제한된 합리성'의 파국이다. 하지만 심의민주주의에서는 세심한 집단적 해결책을 모색하려고 하기 때문에, 각각의 개별 행위자들이 나름으로 골몰해서 합리적으로 행동했을 때 나타날 수 있는 총체적 불합리를 극복하기가 더 쉽다.

셋째, 어떤 요구나 주장을 할 때 항상 이유를 덧붙여야 하기 때문에, 일반적으로 합리적이고 합당한 근거에 기반해서 주장을 펼치게 된다. 힘을 내세워 전략적으로 타협하거나, 소리 소문 없이 몰래 처리하는 통로가 좁아지기 때문에 뭔가 주장을 하려면 항상 보편적으로 타당하다고 인정받을 수 있는 근거를 제시해야 한다. 이는 국가 정책이 정확한 사실과 규범적으로도 정당한 원리에 기반해서 실행되도록 해준다.

넷째, 구성원들이 이렇게 합리적이고 합당한 근거를 제시하며 이루어지는 토론을 경험하면, 그 결정에 승복할 가능성이 그만큼 높아진다.

힘이 없어서, 뒤에서 은밀히 타협해서, 누가 나 모르게 일을 자신들에게 유리하게 처리해서, 그런 결정이 내려진 것이 아니다. 말할 기회를 충분히 제공받았지만, 다른 사람들을 제대로 설득하지 못해 그렇게 되었다고 받아들일 수 있다. 그렇다고 영원히 승복해야 하는 것은 아니다. 다음번에 더 나은 근거를 제시한다면 그 결정을 뒤집을 수 있다는 정당한 기대를 갖게 된다. 반면에 '선호 집계 민주주의'에서는 토론이나 합리적인 근거가 어떻든 힘이나 이미 주어진 신념 때문에 앞으로도 계속 이럴 수밖에 없다는 절망감에 빠지게 할 가능성이 크다. 이러한 절망감은 내려진 결정을 잘 준수하지 않는 태도를 낳는다. 심의민주주의는 어떤 구체적인 결정에 내용적으로 만족하는 사람뿐만 아니라, 그 결정에 반대했던 사람도 전체 민주주의 과정의 정당성을 인정하고 그 과정에 더 잘 통합되도록 한다.

다섯째, 심의민주주의는 구성원들의 시민성을 고양한다. 시민들은 어떻게든 다른 구성원들에게 압력을 넣고, 근거 없는 주장을 자주 접하게 해 선호를 조작하고, 은밀히 뒤에서 일을 처리하고, 이익집단 간의 이합집산을 통해 다수를 확보하는 일에 골몰하지 않게 된다. 또한 타당한 사실과 규범에 근거하여 자기주장을 제시하는 문화를 익히게 된다. 그들은 인내, 관용, 경청 그리고 보편적 사고와 합리적 토론에 익숙해진다. 자신과 동등한 입장에 있는 사람들이 합당한 이익을 근거로 이야기하고, 자신의 이익도 합당한 근거가 있다면 인정되는 경우를 경험할수록 시민들은 자신이 직면한 구체적인 이해관계의 범위를 넘어선 시각으로 다른 구성원들의 이익까지 포함한 정책 결정의 요인을 고려하게 된다. 이렇듯 고양된 시민성은 의사 결정의 질을 높인다. 질이 높아진 의사 결정은 다시 더 많은 참여를 불러온다. 이러한 선순환 과정을 통해 민주주의는 단단해진다.

심의민주주의 설계를 위한 일곱 가지 지침

심의민주주의를 설계하고 고안할 때 주의해야 할 것이 있다. 이는 현재 대의민주주의 제도도 일정 부분 포함하고 있는 심의 요소—의회와 행정부 내의 토론과 시민사회의 토론—가 온전히 작동하지 않는 이유를 주의 깊게 살펴보면 알 수 있다. 이와 함께 실제로 실시되었던 직접민주주의 부분 제도들의 성과와 한계를 고려하면 다음과 같은 주의점이 도출된다.

첫째, 주장의 질을 구별할 수 있어야 한다. 공적 심의의 장에서 근거로 뒷받침되는 주장과 그렇지 않은 주장을 제대로 구별하지 못할 경우, 후자가 전자를 압도할 수도 있다. 이런 상황이 반복되면 이성적인 주장과 설득이 오가는 것이 아니라 심의 참가자가 어떻게 하면 목소리를 높여 자기 몫을 더 많이 챙길까만 고민하게 된다. 여론 의존형 대의민주주의에서는, 이성적으로 심층 검토된 의견과 무지한 상태에서 추론 없이 확신을 가진 의견이 무차별하게 다뤄진다. 후자의 의견이라도 전자보다 수적으로 우세하면 힘을 가질 수 있다. 심의민주주의는 이 두 의견이 한데 묶이지 않도록 하는 장치를 마련해야 한다.

둘째, 무임승차 문제를 처리할 수 있어야 한다. 심의에 참여하는 일은 부담스러운 행위이다. 뿐만 아니라 심의 자체도 부담스러운 일임을 감안하면, 정치 참여 행위는 하지 않고 의사 결정의 결과만을 누리려는 불참자의 무임승차 행위가 발생할 수 있다. 심의에 불참했더라도 심의 결과로부터 배제시킬 수는 없기 때문이다. 그래서 심의 제도는 기꺼이 참여하려는 시민의 의사를 최대한 존중해야 하며, 그러한 동기를 북돋우기 위해 심의 활동에 대한 적정한 대가를 지급해야 한다.

셋째, 심의의 공정성을 담보할 수 있어야 한다. 우선 사안별로 그때그때 참여자가 정해지는 식의 심의는 공정하게 이루어지지 않을 위험이 크다. 예를 들어 어떤 직역에 대한 규제 입법을 대상으로, 자발적 의사에 따라 직접 참여한 사람들로 심의를 진행하면, 그 직역에 종사하는 사람들, 그들의 가족, 친척들이 주로 참여할 수도 있다. 또한 전적으로 자발적 의사에 따라 참여자들을 구성하면, 인구 구성상 불균등하게 분포될 수도 있다. 심의는 정보와 지식을 다루는 활동이기 때문에, 이런 활동에 친화적인 중간계급 이상이 과대 참여할 수도 있다. 따라서 심의 제도는 참여 의사를 가진 사람들의 온전한 대표성이 구현될 수 있도록 일정한 조정이 필요하다.

넷째, 자원 불평등이 심의를 왜곡하지 않도록 해야 한다. 현실 세계에서는 부존자원이 불평등하게 배분되어 있다. 이러한 상태에서는 더 많은 자원을 가진 자들에 의한 이데올로기적 지배 현상이 일어날 수 있다. 자원은 언로言路에 투입될 수 있고, 언로를 더 많이 장악한 사람들은 원하는 대로 세뇌, 조작, 사상 주입을 행할 수 있기 때문이다. 이러한 활동이 과하게 이루어지면 자원을 적게 가진 이들에게 허위의식이 형성된다. 자신들의 이익에 부합하지 않는 정책을 잘못 생각해 지지하는 현상이 일어나는 것이다. 아담 쉐보르스키는 「심의와 이데올로기적 지배」라는 글에서, 지배 집단이 심의 과정에서 우월한 재력, 미디어 통제, 권력, 합법적인 정치적 지위를 이용해 지배 집단의 이익을 전체 이익으로 규정하는 헤게모니 지배를 이룩할 가능성이 높아, 오히려 심의 과정을 거치지 않았을 때 구성원들이 자기 이익에 부합하는 바를 상대적으로 더 정확하게 지지할 수도 있다고 지적했다.[2] 심의 왜곡을 제대로 제어하지 못하면 오히려 심의 과정이 자원을 많이 가진 강자가 사람들의 마음을 조종해 그들의 이익 실현을 승인해주는 장이 될 수도 있는 것이다. 따라서 두 가지가 중요하다. 하나는 장악할 수 없는 언로를 공식적으로 마련하는 것이다. 다른 하나는 일상적인 언로가 특정 집단에 의해 통제되지 않고 다양한 구성원들에 의해 분점되도록 하는 것이다.

다섯째, 심의의 규모가 커지고 심의에서 다루는 의안의 범위가 넓어져도 작동 가능해야 한다. 직접 참여형 심의 제도는 규모와 의안의 범위 제약 때문에 심의가 필요한 사안을 제대로 다루지 못할 수 있다. 성공을 거둔 지역 심의민주주의 실험에는 두 가지 유리한 점이 있었다. 하나는 예산이나 치안과 같이 그 지역 주민들이 피부로 체감할 수 있는 효과를 가져오는 의제를 다루었다는 것이고, 다른 하나는 심의 단위가 작기 때문에 얼굴을 맞대고 토론할 수 있는 규모로 심의를 진행할 수 있었다는 것이다. 하지만 전국 단위의 복잡한 국가 이슈들에 대해서도 항상적으로 많은 시민들의 참여를 독려하고, 동일한 방식으로 심의가 이루어지기를 기대하는 것은 훨씬 어려운 일이다.

작동 가능한 심의민주주의는 입법과 행정을 구분할 수 있어야 한다. 치안, 교육, 동물 보호와 같은 사안은 권한을 부여하는 입법이 이루어진 후, 설정된 목표를 추구하는 혁신적이고 효과적인 행정을 실시할 때 유용하다. 그러나 목표 자체를 설정하는 입법 수준에서는 행정을 심의할 때와 같은 방식의 심의가 작동하지 않을 수 있다. 특히 수많은 사안을 다루는 입법은, 사안별로 회합을 조직하는 것이 가능하지 않다. 설사 조직할 수 있다고 해도 임의로 의안을 분야별로 나눈 바람에 민주적 의사 결정 과정이 서로 연관되지 못하고 부분 부분으로 쪼개져버릴 위험이 있다. 시민들은 한두 회합에만 관심을 두고, 모든 회합에 적정한 관심을 주기는 어렵다. 그러면 그 틈을 타서 심의 공간을 장악해 자기 이익을 추구하려는 분야별 이익집단이 득세할 수 있다. 뿐만 아니라 이런 식의 제도는, 이익이 되고 유리한 분야에만 심의를 활용하는 기득권 집단의 '포럼쇼핑'*을 낳을 수 있다. 따라서 입법 차원에서 심의의 장은 사안별·분야별로 쪼개져서는 안 되며, 공공의 사안을 모두 논의할 수 있어야 하면서도 적정하고 고른 참여를 유도할 수 있어야 한다. 그렇게 되려면 국가에서 이루어지는 모든 입법적 논의를 참여형 심의 민주주의 제도로 다 다룰 수 있다는 전제를 버려야 한다. 오히려 참여형 심의 제도는 그중 일부만을 논의하여 적정한 수준의 부담만 지면서, 의회 대표들이 심의할 수 있도록 견인하는 역할을 맡아야 한다.

여섯째, 전문가 조력의 편향을 극복할 수 있는 방안이 있어야 한다. 직접 참여형 심의 제도는 전문가의 도움이 필요하다. 전문가는 문제 상황을 해석하고, 그 문제를 해결할 가이드라인을 제시하고, 고려되어야

---

* 포럼쇼핑forum shopping은 원고가 자신에게 가장 유리한 결과를 가져올 재판 관할권을 찾아 재판을 하는 현상을 가리키는 말인데, 정치적 의사 결정의 장이 여럿일 때 이익집단이 그중 하나를 택해 유리한 결과를 예측할 수 있다면 정치적 차원에서도 포럼쇼핑이 발생할 수 있다.

할 사항들에 대한 사실적이고 규범적인 지식을 제공한다. 심의 제도가 의사 결정의 질을 담보하려면, 전문가의 조력이 필요할 수밖에 없다. 실제로 지역 수준의 참여형 심의 제도에서는 관료와 전문가를 포함시켜 적정한 의사 결정을 도왔다. 그런데 전문가가 이미 어떤 결론을 강하게 지지하고 있는 경우, 결론을 유도하거나 몰아가는 방식으로 영향력을 행사할 수 있다. 일정한 자료들을 보여주지 않거나, 편향된 조사 결과를 보여주거나, 원래 그렇게 하는 것이라고 관행인 양 몰아가는 것이다.

전문가의 편향은 우리 현실에서도 찾아볼 수 있다. 현대 정당 민주주의하에서 국가를 실제로 움직이는 사람들은 중립적이지 않다. 행정부 수반이나 장관, 의회의 다수당은 이미 추진하려는 정책 과제를 가지고 있다. 그런데 이들이 이러한 정책을 추진하는 데 단지 수사적 장식이나 사람들의 의견을 유도하기 위한 목적으로 전문가를 고용한다면, 이 전문가들이 생산해낸 지식을 활용한 심의에는 상당한 왜곡이 발생한다.

정부가 연구 과제를 선정하고, 연구 기관이나 연구원들이 이 과제에 응모하고, 이들 중 누가 연구를 담당할지 정부가 뽑는 경우에는 연구 결과에 다수당·여당이 영향을 미칠 가능성이 매우 크다. 그들이 원하는 결과물을 내놓지 않을 경우 그 연구 기관의 예산을 줄이거나, 다음 번 과제에서 응모하더라도 탈락시키는 형태로 교묘한 통제를 가할 수 있기 때문이다. 또한 이런 힘을 쥐고 있으면, 연구가 이루어지는 도중에도 이른바 '마사지'를 할 수 있다. 즉 연구를 요청한 정부가 연구 결과를 주물럭거리고, 고치게 하는 것이다.

"이 박사님, 이번에 마사지 많이 당하지 않았습니까?" "김 박사는 이번에 '몇 킬로그램' 했습니까?" 국책 연구 기관 연구원들 사이에는 종종 이런 농담이 오간다. '마사지'는 보고서에 '민감한' 내용이 있을 때 연구 용역 주문자(정부)의 입맛에 맞게 보고서 내용을 다듬는 것을 뜻한다. (……) 이런 대화는 국책 연구 기관에 소속된 정책 지식 생산 지식인들이 처한 현실을 잘 보여준다.[3]

국책 연구소는 재정적으로 행정 부처에 종속되어 있다. "우리가 정부 하수인이라고요? 하수인이 아니라 '동체同體'죠."[4] 연구자들은 완전히 독립적인 지위로 연구하지 못하고, 계속 협의하면서 전략적인 타협을 하듯 결과를 조정해가야 한다. 심지어 연구원들이 찬성안, 반대안, 중간안을 만들어놓고 연구 의뢰자인 행정 관료들이 고르도록 하는 경우까지 있다. 이러한 사정을 모르는 사람들의 눈에는 국가의 정책 수행이 객관적인 전문 지식으로 뒷받침되는 것처럼 보인다. 그러나 실제로는 국가 입맛에 맞도록 억지로 전문 지식의 겉옷을 입혔을 뿐이다.

기업 역시 전문 지식의 활용을 왜곡한다. 기업은 지식인들에게 별일 하지 않으면서도 높은 연봉을 받는 사외이사 같은 자리를 제안한다. 더 중요한 것은 대가가 주어지는 연구 용역 과제를 주로 제안하는 데가 기업이라는 것이다. 이익이 오가기 때문에, 마치 독립적으로 이루어진 듯한 대학의 연구가 기업의 입맛에 맞는 경우가 비일비재하다. "요즘 교수들 중에 돈 3,000만 원만 준다고 하면 기업 측에서 원하는 그대로 결론을 내주지 않을 사람이 없을 정도"[5]가 되었다. 환경 영향에 관한 연구는 기업의 개발이 허용되도록 마사지하고, 경제 효과에 관한 연구는 정부가 추진하는 정책에 뒷받침되도록 마사지한다. 몇 가지 추정 치와 파라미터 값을 바꿔 결론을 조정하는 것이다.

전문 연구자뿐 아니라 심의 과정 내내 행정 실무와 연계해 심의 방향과 세부 사항을 안내해주는 행정 관료도 정부의 영향을 받기 쉽다. 이들은 기존의 관행을 따르는 습성이 강하며, 인사권을 가지고 있는 최고 행정 책임자의 의사를 거스르지 않으려고 노력한다. 이런 식의 통제를 그대로 두면, 심의 과정은 결국 집권당이나 다수당이 의사 결정 과정을 통제하는 허울 좋은 통로가 되기 십상이다.

따라서 새로운 심의 제도에서는 정부가 심의 과정에서 중립적인 역할을 한다는 환상을 버려야 하며, 전문가들이 연구의 독립성을 철저히 보장받아야 한다. 그렇게 되려면 전문 지식과 관련해서 조력하는 사람들의 다원성이 보장되어야 한다.

무엇보다 중요한 것은 행정 관료와 정치 엘리트 그리고 기술적 전문가가 이미 의제를 일정한 틀로 설정해놓고, 그 틀 안에서 몇 가지 의견만 주고받는 식의 토론이 이루어져서는 안 된다는 것이다.

일곱째, 심의에 영향을 미치거나 도움을 줄 수 있는 결사체들이 시민들의 요구를 잘 반영하게끔 조직되도록 공적 지원이 있어야 하고, 그렇게 조직된 결사체들에는 공식적인 지위를 부여해야 한다.[6] 결사체들은 참여를 독려하고 활성화할 수 있다. 실제로 참여예산제를 실시했던 포르투알레그리에서도 시민 결사체의 활약이 컸다. 이들은 꼭 필요한 중심적 의제를 부각시키고, 시민들을 교육하고, 중심 의제를 실제로 시행할 수 있도록 안을 정교하게 다듬고, 참여를 조직하고, 참여 이후에도 계속 연대하고, 실제 결정된 것이 제대로 시행되는지 감시하는 역할을 한다.

　이러한 공적 역할을 하는 결사체들이 전적으로 시민들의 사적 자원에 의해서만 조직되면 두 가지 문제가 발생한다. 첫째, 자원이 많은 시민들의 요구를 실현하려는 결사체들이 주로 조직되고 활동한다. 더 절실한 요구를 갖고 있더라도 자원이 별로 없다면 그런 요구를 제기하고, 정교하게 안으로 만들 결사체를 조직하기 어렵다. 이런 상태에서 심의에 결사체가 개입하면 심의의 공정성이 왜곡된다. 둘째, 결사체들이 공적 심의 과정에 개입할 때 제도적 지위가 모호해진다. 결사체들은 민주적 선출 과정을 통해 조직된 것이 아니다. 그런데 이들 중 일부가 임의로 의안 형성이나 실행에서 일정한 역할을 하면 대표성에서 문제가 생길 소지가 있다. 그 때문에 오히려 그런 문제를 제거하느라 결사체의 잠재력과 역할을 제대로 활용하지 못할 수 있다. 이 두 문제의 해결은 함께 가야 한다.

　한편으로, 시민들은 결사체에 공적 재정으로 투표할 수 있어야 한다. 이를 통해 결사체는 일정한 대표성을 확인받을 수 있고, 전문 분야와 관련해서, 특히 의제의 입안과 감시에서 일정한 역할을 한다면, 결사체의 잠재력은 십분 활용될 수 있다.

　이러한 일곱 가지 지침은 새로운 민주주의 제도를 설계하는 데도, 평가하는 데도 중요하게 활용되어야 한다.

9장

더 나은
민주주의를 위한
제안

민주주의 이념의 온전한 관철

대안 민주주의 모델

삼중 유인 구조

민주주의 이념의 온전한 관철

민주주의 이념을 '다수결'이나 '투표' 같은 부분 제도 요소들로 환원하는 오류를 저지르지 않는 사람들, 민주주의 이념 자체에 내재한 규준들을 심각하게 생각하는 사람들은 현재의 대의민주주의에 진지한 불만을 갖는다. 보통선거권과 비례대표제가 도입되고 정당정치가 활성화된 뒤, 대의민주주의는 어떠한 질적 도약도 하지 않았다. 그러나 현대 정치가 대응해야 할 과제들은 이러한 불완전한 성취로는 성공적으로 수행될 수 없다. 점점 확대되는 불평등, 일부 구성원들의 심각한 빈곤, 사회 도처에서 확대되는 인격적 지배와 통제, 그리고 위험과 안전 문제의 거대화와 복잡화, 구성원들의 행위 조정과 규제의 어려움, 지구온난화와 자원 고갈, 환경오염 같은 전 지구적 사안들을 현재의 정치는 손도

대지 못하거나, 더 악화시키거나, 그저 대응하는 시늉만 하고 있을 뿐이다. 현실의 어려운 상황을 마치 존재하지 않는 것처럼 이상적으로만 생각하면 정당을 통해 의사가 형성되고, 이 정당들과 연계되어 뽑힌 대표들이 이성적으로 토론해서 이런 문제들을 해결해야 하지만, 의사소통 과정의 왜곡은 이런 이상적인 과정을 꿈도 못 꾸게 만들어놓았다.

그렇다면 민주주의 이념은 현재의 정치에 대해 스스로 거대한 불만을 제기한다고 할 수 있다. 그리고 이 불만은 그 속에 대안을 품고 있다. 이렇게 민주주의 이념이 제기한 불만 속에 내재한 대안을 정식화한 것을 이 시대에 대한 '민주주의의 중대한 제안'이라고 부를 수 있을 것이다.

우리가 처한 상황과 대면한 과제를 눈을 가리고 외면할 수 없다면, 새로운 민주적 제도에 대한 제안은 무엇보다 긴절할 수밖에 없다. 어떠한 의제의 설정과 실행도 민주적 제도를 거쳐야만 이루어지기 때문이다. 따라서 이러한 제안을 단순한 지적 유희나 여유로운 사고실험으로 생각해서는 안 된다. 이런 형태와 성격을 가진 제도를 우리 스스로 깊이 있게 이해하고 절실하게 열망해야 한다. 그 열망은 이후 시민의 대표가 되고자 하는 사람을 뽑는 중차대한 기준 중 하나가 될 것이다.

여기서 제시할 개혁안은 지금까지 살펴본 대의제의 문제, 단순 직접 민주주의의 문제, 참여형 심의 제도들의 성과와 한계, 심의민주주의를 설계할 때의 주의점과 지침을 모두 고려하여 고안된 것이다. 하지만 이 개혁안은 최종적인 것이 될 수 없다. 이것은 논의를 시작하는 출발점에 불과하며, 합리적인 근거가 제시되었을 때 얼마든지 수정이 가능하다. 그러나 구체적인 안은 설사 잠정적인 것에 불과하더라도 대안적인 사회의 작동 방식을 그려볼 수 있게 하므로, 논의를 의미 있게 촉발하는 역할을 한다.

대안을 제시할 때 유토피아적 사고에 빠져서는 안 된다. '이런저런 이상적인 조건이 갖추어져 있다고 전제하자'는 말로 시작하는 제안은 미덥지가 않다. 동일한 의사 결정 능력, 동일한 정보 능력, 동일한 해석 능력, 동일한 판단 능력, 열광적인 참여 동기를 지닌 국민들로 이루어진 민주주의는 신화요 환상이다. 대의제는 시간과 공간이 없어서가 아니라, 복잡하고 무수한 의제들에 대해 모든 국민이 필요한 지식과 능력을 갖추고 하나하나 적절하게 심의하는 것이 불가능하기 때문에 필요한 것이다. 그러나 이러한 사실에 대한 문제의식은, 지난 수백 년간 정치철학에서 너무도 쉽게 엘리트주의로 비약해버리곤 했다. 하지만 엘리트들에게 대중을 넘어서는 동질적인 의사 결정 능력이 있다는 가정 역시 신화에 불과하다.

국민의 의제 제안과 심의 능력은 인위적인 경계선으로 구분할 수 없다. 분야에 따라 발휘할 수 있는 능력이 다르고, 그 능력을 가진 사람들도 다르다. 설사 능력이 부족한 사람이라도 심의와 의결을 하는 이들이 필요로 하는 중요한 정보를 가지고 있을 수 있으며, 대변해야 할 이해관계가 있을 수도 있다. 진정한 능력의 차이는 의미 있는 제도적 결정을 내릴 권한을 가지고, 합리적인 논의를 할 수 있는 제도적 동인과 연결망 속에서 실제로 토의를 하느냐 그러지 않느냐에 따라 생겨난다. 그런 토의를 가능케 하는 실현 가능한 대안이 필요한 것이다.

이 책의 서두에서 던진, 후쿠시마 원전 사고에 관해 모든 것을 알고 있는 평범한 시민의 이야기로 돌아가보자. 이 시민이 자신의 문제의식과 해결책을 성실하게 근거를 제시하고 공유해나간다면 합당한 기간 내에 공적 정책으로 구현할 수 있는 경로가 있어야 하는 것 아닌가?

지금의 대의제는 사실상 '없어야 한다'고 대답하는 것과 마찬가지다. 그 이유는 말하지 않는다. 시민들은 정치적 무력감을 계속 느끼지만 그 이유에 대한 답변은 듣지 못한다. 그들은 다만 자신을 부분적으로 그리고 간접적으로만 대변하는 정부를 이따금 다른 정부로 교체할 수 있는 하나의 제도적 권리, 즉 투표권만을 갖고 있을 뿐이다. 그러나 정책 전환이 무수히 벌어지는 현실 속에서, 투표권 이외의 아무런 공식적인 제도적 통로가 없는 삶은 민주주의 사회 구성원의 정치적 삶이라고 할 수 없다. 그것은 단지 엘리트 교체에 대한 아주 작은 지분을 가지고 있는 정치적 삶에 불과하다.

의제를 직접 다루는 최종 의결권을 실제로 갖지 못한 인민은 정치적으로 소외된다. 이런 상황에서 정치적 의사 결정은 '압력'의 대상이지 '참여'의 대상이 아니다. 사실 '참여'란 의사 결정의 주체가 되는 것이다. 반면에 '압력'은 '참여하는 자'에게 가해지는 것이다. 자신의 의사에 따른 결정권을 행사할 수 있는 통로 없이 단지 벌어지는 일을 구경할 권리만 갖는다면, 의안에 대한 통제는 겉돌기만 한다.

정치적 무력감은 사회 현실을 개혁할 좋은 안이 제안되고 넓게 퍼지는 일을 심하게 억제한다. 정치적 무력감에 빠진 인민은 쉽게 정치적 무관심으로 향하기 때문이다. 무관심은 합리적 무지를 초래하고, 합리적 무지는 심의의 반대에 가까운 위치에 자리한다. 어떤 이슈에 대해 열심히 읽고 주위 사람들과 토론해봤자 실제 제도적 의사 결정에 영향을 끼칠 수 없다면, 취미가 아닌 이상 계속 그런 문제로 씨름할 이유가 없다. 여론조사에 가끔이라도 걸릴까 싶어 계속 노력하는 사람은 없다. 여론조사는 매우 수동적인 이벤트다. 여론조사의 결과가 제도적 결정권을 갖는 것도 아니다. 게다가 매번 조사 대상은 언제나 전체 국민 중 극소수에 불과하다. 혹시나 우연히 그 극소수에 속할까 싶어 미리 정치적 이슈에 대해 열심히 공부하고 주위 사람과 토의하는 것은 너무도 비합리적이다. 또한 여론조사의 대상이 되었다 할지라도 그 문제를 숙고한 사람과 숙고하지 않은 사람이 구별되지 않는다면, 의욕은 더 떨어지게 마련이다.

정치적 무력감은 특히 기존의 상태를 크게 개선할 수 있는 근본적인 의제가 아예 정치의 논의 대상이 되지 못하는 결과를 낳기도 한다. 근본적인 의제를 뒷받침하는 추론은 사람들에게 매우 익숙한 통속적이고 잘못된 통념과 어긋난다. 그래서 근본적인 의제가 선택할 만한 대안이라는 점을 깨닫는 데에는, 그리고 처음 거칠게 제안된 근본적 의제를 관련된 사람들의 권리를 존중하면서 정교하게 만드는 데에는 상당한 노력이 필요하다. 통념은 숙고 없이도 쉽게 받아들일 수 있지만 근본적 개혁안을 정교화하는 일은 이성적 추론을 필요로 하기 때문이다. 어떤 문제가 법률 조항을 약간 바꾸는 정도의 땜질식 처방으로는 해결할 수 없다면, 그리고 하나를 바꾸면 바뀌지 않은 다른 하나가 그 개혁의 효과를 무력화시키는 경우라면, 근본적인 의제를 실행하는 일은 필수일지도 모른다. 그러나 정치적 무력감에 빠진 이들은 일상적인 정치 의안조차 통제하지 못하는데 근본적인 의제를 실행시킬 수 있겠냐는 회의 때문에 이 일에 착수하기 힘들다.

따라서 민주주의의 중대한 제안을 논의하는 것은 훨씬 더 큰 함의를 갖는다. 그것은 현재 이루어지는 정치를 약간 더 개선하는 것에 그치지 않는다. 외양상 사람들이 직접 참여하는 것 자체를 물신숭배하는 것도 아니다. '우리 삶을 근본적으로 규정하는 사안들을 최선으로 해결할 수 있는 의제들을 설정하고 논의할 수 있는 민주주의의 잠재력을 온전히 구현한다'는 중대한 의미를 가진다.

대안 민주주의 모델

대안 민주주의 모델의 핵심은 다음과 같다. 첫째, 시민이 직접 참여할 수 있는 심의회를 구성한다. 심의회는 지역과 전국 차원의 입법과 행정 사안 중 일부를 선정하여 발안, 심의, 결정한다.

둘째, 시민들은 결사체에 바우처^{voucher}*로 투표하고, 결사체들은 득표에 비례해서 공적 재원을 지원받는다. 결사체들은 의안 발의에 조력하며, 정책 모니터링과 제안에서 제도적 역할을 담당한다. 또한 연구자나 연구 단체들에도 시민들이 바우처로 투표하고, 심의회와 결사체는 이들에게 논쟁의 대상이 되거나 될 수 있는 사안들에 대한 연구를 의뢰한다.

셋째, 정치 신문을 발행해 심의회에서 다루어지는 의안에 대한 여러 입장을 시민들이 늘 살펴볼 수 있도록 한다.

---

* 바우처는 이용 가능한 서비스나 재화의 금액이나 수량이 기재된 증표로, 좁게는 이용권, 상품권으로 번역될 수 있다.

넷째, 의회와 행정부는 심의회와 결사체의 제도적 권한에 의해 항상 견제를 받아 더 심도 깊은 의사 결정을 시행한다.

한마디로 심의회와 결사체가 입법과 행정을 견제한다는 것이다. 그리고 심의회-결사체-의회·행정부가 함께 민주주의를 운영하므로, 이를 '삼각' 민주주의라고 부를 수 있다.

이제 이 요소들을 하나씩 자세히 살펴보자.

심의회

지역 단위에서 정치적 심의를 할 심의원 후보단을 구성한다. 이 후보단에서 심의원을 뽑아 심의회를 구성한다. 심의회는 두 종류다. 하나는 지역 단위의 문제를 심의하고, 다른 하나는 전국 단위의 법률과 행정규칙을 심의한다. 다만 두 심의회 모두 동일한 심의원 후보단에서 구성한다. 이로써 지역 엘리트들이 채워넣은 인물들로 지역 안건 심의가 포획되는 것이 방지된다. 이 동일한 후보단에서 지역 단위의 심의회는 그 지방자치단체의 범위나 구성과 동일하게 구성한다. 예를 들어 광역시의 문제를 논의하는 광역시 심의회가 있고, 구의 문제를 논의하는 구 단위의 심의회가 있는 것이다. 전국 단위의 심의회는 국회의원 선거구와 같은 단위로 구성한다. 전국 단위 심의회가 선거구 수만큼 있는 것이다.

심의원 수는 실제적인 문제들을 고려해 정해져야 하지만 토론이 이루어질 수 없을 정도로 너무 많아도 안 되고, 다양성과 대표성을 가지기에 너무 적어도 안 될 것이다. 심의원은 심의와 관련한 공식적 업무시간에 대해 최저임금보다 좀 더 많은 급여를 지급받으며, 대중교통을 이용하기에 충분한 교통비도 지급받는다. 이러한 최소한의 급여는 시민, 특히 최저임금 수준의 임금을 받는 시민들의 참여를 독려하기 위한 것이다. 심의회가 소집되는 시간은 평일 저녁이다.

심의원 후보단, 즉 그때그때 구성되는 심의회에 실제로 참여할 사람들의 후보군은 둘로 나뉘어 구성된다. 즉 이 제도를 처음 실시할 때는 이 두 후보군이 심의회 후보단 총원의 2분의 1씩을 차지한다.

먼저, 정당의 바우처* 획득률에 따라 구성되는 후보군이 있다. 심의 민주주의에서 정당은 의석수에 따라 국고보조금을 받지 않는다. 지금의 정당 보조금은 정당 투표에서 획득한 투표율에 따라 배분되지 않고, 지역구 의석수가 대부분을 차지하는 의석 비율에 따라 배분된다. 게다가 원내 교섭단체를 구성한 거대 정당들이 보조금을 거의 독식하다시피 해서 비례성과 공정성에 심각한 문제가 있다. 한편 정당 보조금이 4년에 한 번 이루어지는 선거에 의해 결정되므로, 선거와 가까운 시기의 상황과 이슈가 의석에 부당하게 큰 영향을 미친다. 매년 이루어지는 바우처 투표는 이런 왜곡을 극복한다.

시민들은 매년 한 번 2,000원가량의 가치를 가진 바우처를 하나씩 지급받는다. 그리고 투표를 통해 정당에 자기 몫의 공적 재정을 지원한다. 지난해 한 정당이 정치 활동을 잘했다면, 그 정당은 그 전해보다 많은 바우처를 받을 것이다. 지난해에는 바우처를 많이 받았더라도 이번 해에 정치 활동을 잘 못했다면 바우처를 잃게 된다. 시민들은 새로 떠

---

* 여기서 논의하는 제도는 서비스 구매권이라기보다는, 정당에 재정을 직접 투표하면서 동시에 그 정당에 심의회의 대표 비율을 정하는 것이어서, '바우처'라는 원어를 그대로 사용했다.

오르는 혁신적인 정당이 다음 선거에서 의석을 얻기 전에도 재정 지원을 함으로써 지지 의사를 표명할 수 있다. 또한 의석을 많이 차지한 정당이라도 다음 선거까지 많은 자금을 독식하도록 내버려두지 않을 수 있다. 선거 사이에 이루어지는 이러한 평가는 정당의 책임성을 높여준다. 한편 바우처 투표를 하지 않은 사람들의 정당 바우처는 투표한 사람들의 정당별 투표 비율에 따라 안분된다.

심의회의 2분의 1은 정당에 대한 이 바우처 투표율에 의해 채워진다. A당이 바로 이전 바우처 투표에서 10퍼센트의 지지를 받았다면 전체 심의원 수 2분의 1 중 10퍼센트를 할당받는다. 각 당은 할당받은 수의 2배 이상의 시민들을 심의원 후보단에 등록한다. 정당 추천 후보단은 공정성과 민주성의 요건을 만족시키는, 각 정당이 정한 공개적인 기준과 규칙에 따라 선별한 인물들로 구성된다.

두 번째로, 무작위 선발로 구성되는 심의원 후보군이 있다. 시민들은 누구나 심의원 후보단이 될 수 있다. 즉 심의원의 2분의 1은 시민들 중에서 무작위로 선발해 구성한다. "추첨, 즉 무작위 표집"은 심의회가 특수한 "이해관계의 표명, 결집, 확인"의 장이 되지 않도록 하기 위한 중요한 장치이다.[1]

시민들은 본인 인증 과정을 거쳐 향후 1년간의 불참 의사를 미리 등록할 수 있다. 불참 의사를 밝히지 않은 시민들은 참여 의사가 있는 것으로 추정한다. 실제 심의회가 개최되기 전에 공개적으로 무작위 선발 프로그램을 돌려 심의원 1차 배정을 발표하는데, 이 중 개인 사정으로 불참 의사를 밝힌 시민들은 제외된다. 여기서 더 채워야 하는 심의원 수만큼 다시 무작위 선발 프로그램을 돌린다. 이런 식으로 심의원이 다

채워질 때까지 무작위 선발과 참여 의사 확인을 반복한다. 이 과정에서 불참 의사를 밝힌 시민들은 향후 1년간 참여 의사가 없는 것으로 추정한다. 이런 식의 절차를 거치면 시민들의 참여 의사를 존중하면서도 전체 인구 구성을 비교적 온전히 반영할 수 있다. 반면에 시민들의 신청을 받아 심의원을 구성한다면, 몇 가지 편향이 생길 수 있다. 지역 엘리트나 이익단체가 동원하고 독려한 시민들을 중심으로 후보단이 채워질 수도 있다. 또는 교육을 많이 받고 여유 시간이 많은 계층에서 주로 참여할 수도 있다. 심의할 안건과 직접 관련 있는 사람들로 심의원이 구성될 수도 있다. 무작위 선발은 이러한 편향을 피해 인구 구성 분포를 온전히 반영할 수 있다.

심의원은 정치 부문의 배심원이라고 할 수 있다. 심의회는 하나의 안건에 대해 2달 정도 심의하고 결론을 내린다. 아울러 바로 다음 심의회에서 다룰 사안을 정하는 일도 맡는다. 바로 전 심의회에서 이것을 정하는 이유는, 심의 안건을 다룰 심의회를 배정하고 조정하는 등의 심의 준비 시간이 필요하며, 심의회의 우연한 구성이나 분포에 따라 심의 안건의 선정과 심의회의 결정이 밀착되지 않게 하기 위해서다.

전국 단위의 심의회에서 다룰 의안 후보는, 국회의원 30명 이상이 심의회 의안 후보로 발의함으로써 정해진다. 이는 국회에서 법안을 발의하기 위한 요건인 10명의 3배이다. 이는 모든 국민을 각자 대표하는 의원을 통해 법안이 염두에 둔 직접적인 목적뿐만 아니라 관련되는 여러 권리와 이익이 충실히 고려되게끔 하기 위해서이다. 그러지 않으면 당파적이거나, 좁은 목적에만 경도되거나, 기본권을 침해하는 법안들이 거름 작용 없이 쏟아질 수 있다. 또한 발의 시에는 발의 이유에서 그 의안을 뒷받침하는 보편적인 공익과 권리의 원리를 명시적으로 진술해야만 한다.

심의회의 존재 목적은 의회 대표의 10분의 1밖에 안 되는 소수 의원들의 동의조차 얻을 수 없는 안을 기습적으로 상정하여 통과시키는 것일 수 없다. 즉 대의제를 강화하기 위한 것이지 대의제와 단절하기 위한 것이 아니다. 특히 심의회는 국회의 결정을 일시적으로 뒤엎을 수 있는 권한을 갖고 있기 때문에, 이에 상응하는 신중함의 장치도 갖추어야 한다. 발의된 안건 후보 가운데서 심의 대상이 선정되면 곧바로 본심의로 넘어가므로, 발의 후 소위원회에서부터 순차적으로 논의가 진행되는 의회에서의 발의보다 높은 요건, 즉 더 높은 발의 정족수를 요건으로 정하는 것이 합당하다. 이에 더해 의안을 뒷받침하는 보편적인 정책 원리를 부기할 것을 요구해야 한다. 제안된 정책은 그 정책으로 도모하는 공통 이익과 헌법을 준수하는 원리를 진술할 수 있어야 한다. 그러지 않으면 큰 분파가 작은 분파의 희생을 통한 이득을 꾀하고자 할 수 있기 때문이다. 예를 들어 집 앞의 눈을 치울 책임을 각 집의 점유자에게 할당하는 법률에 대해 누군가는 눈을 치우는 불편이 눈이 치워지는 편익보다 크다고 생각할 수 있다. 그러나 이 정책은 '특정 영역에서 발생하는 위험을 용이하게 낮출 수 있는 지배·통제권자가 그 영역의 위험을 낮출 책임을 진다'는, 공익에 부합하는 원리의 뒷받침을 받는다고 할 수 있다. 반면에 국민 대부분의 납세 부담을 줄이기 위해 소수의 재산을 몰수하는 정책은 그렇지 못하다(한편 지역 단위의 심의회에서 다룰 의안 후보도 지역 의회 의원 30명 이상이 심의회 의안 후보로 발의함으로써 정해진다. 다만 여기서는 전국 단위의 심의회를 중심으로 다룬다. 지역 단위의 심의회는 전국 단위 심의회에 대한 설명을 지역 단위로 변환해 생각하면 된다).

심의회는 그 회기에 다룬 안건에 대한 최종 투표를 끝내고 나서, 다음 심의회에서 다룰 안건으로 무엇이 좋을지 투표한다.* 그리고 다음 심의회는 그 안건들을 심의한다. 안건들은 두 종류다. 하나는 법률을 폐기·수정하거나 새 법률을 제정하는 의안이다. 다른 하나는 행정입법을 다루는 의안이다. 하나의 안건에 대해서는 기본적으로 둘 이상의 안이 경쟁한다. 의원 30명 이상의 동의를 받은 뒤 후보군에서 선정된 의안과 함께 현행 유지안이 자동적으로 선택지로 상정된다. 물론 그 안건에 대해 다른 의원 30명의 동의를 받은 경쟁안이 제출된다면 그 안도 선택지로 등록된다. 그러나 의안은 무한정 늘어날 수 없는데, 어느 경우나 의원 발의의 요건이 갖추어져야 하고 하나의 안건에 대해 중복 발의는 허용되지 않기 때문이다. 한편 심의회에 의안을 발의한 대표 발의자들은 결사체나 정당의 도움을 받아 자신들의 제안을 뒷받침하는 1차 자료를 다음 심의회가 시작되기 전에 미리 제출해야 한다.

다음 회기 심의회에서는 그 안건에 대한 경쟁적 입장을 각 근거와 함께 검토한다. 그들은 뒤에서 설명할 정치 신문의 자료들을 읽을 시간을 갖는다. 그리고 각 제안을 대변하는 이들의 주장을 직접 듣고, 추가로 배포한 자료를 읽고, 토론을 진행한다.

---

* 만일 한 번에 복수의 안건, 이를테면 5개의 안건을 선정해야 하는데 후보가 20개라면 안건 선정 투표는 각 심의원이 5개의 표를 중복되지 않게 던지는 방식으로 한다. 안건 후보가 많아 단순 다수결 방식으로 하면 오히려 의사가 왜곡되기 때문에 이런 방식을 취하는 것이다. 투표가 끝난 후 투표 결과를 전국적으로 집계하여 정해진 수의 안건을, 이를테면 1위부터 5위까지 선정한다. 그러면 이 5개의 안건이 다음 회기의 심의회에서 다뤄진다.

의사일정은 의제의 복잡성에 따라 달라지겠지만 보통 4회 정도가 될 것이다. 의안을 발의한 의원들은 투표 전까지는 자신들의 의안을 철회하거나, 다른 안과 함께 합쳐 수정할 권한을 갖는다. 투표는 비공개이며, 투표할 자격은 모든 의결 토론에 출석해야 주어진다. 다시 한 번 각 안의 개요가 적힌 자료들을 돌려 읽고 나서 투표가 이루어진다. 투표는 1순위 표와 2순위 표를 함께 던진다. 1순위 표에서 과반수의 득표가 있으면 그 안이 결정된다. 만약 과반수 득표가 없으면 1순위 표에서 1, 2위를 한 안에 던져진 1순위 표와 2순위 표를 모두 합계해 최다 표를 획득한 안으로 결정한다. 이렇게 하면 다른 안과 일대일로 대결했을 때 과반수 지지를 얻지 못할 안이 우연히 단순 다수를 확보해서 채택되는 사태를 방지할 수 있다.

심의회의 의결 결과는 국회의 결정과 동일한 효력을 갖는다. 심의회에서 의결된 것을 국회가 뒤집으려면, 다음 회기에서 법안을 통과시켜야 한다. 이 경우 심의회는 다시 국회의 법안을 폐기하거나 수정할 수 있다. 하지만 실제로 이러한 교차 상황이 한없이 이어지지는 않는다. 시민들의 심의된 의사를 계속해서 거부하는 국회의원과 정당은 선거와 바우처 투표에서 정치적 책임을 추궁당할 것이기 때문이다.

한편 심의원들은 심의에 들어가기 전에 기본적인 시민교육을 받는다. 물론 이 교육 시간 역시 심의 시간으로 계산되어 대가를 받는다. 이 기본 교육 과정에서는 사실의 근거를 검토하는 방법, 기초적인 통계에 관한 지식, 기본권, 입법론, 정책 작용의 원리, 심의회 운영의 원리, 경쟁적인 안을 비교하고 평가하는 방법 등 심의에 도움이 되는 일반적이고 형식적인 내용을 다룬다. 이러한 형식적 지식을 갖추는 것은 시민의 입장에서 새로운 배움의 기회일 뿐 아니라, 이후 심의 과정에서 박약하거나 잘못된 근거와 그렇지 않은 근거를 구별할 수 있는 눈을 갖게 해준다.

심의가 진행되면서 매주 발간되는 정치 신문에는 각 입장을 대변하는 주장의 논증, 근거, 자료들이 실린다. 또한 상이한 입장의 근거들을 비판하는 주장도 함께 실린다. 덕분에 두 달간의 정치 신문을 통해 토론의 큰 흐름을 잃지 않고 세부 사항에 대한 질문과 답변, 토론을 이어갈 수 있다.

이 모델을 실제로 시행하려면 헌법 개정이 필요하다. 국회에 배타적으로 부여된 입법권을 심의회에도 부여하도록 입법권 관련 조항을 개정해야 한다. 그러나 그 전에 이 모델은 여러 과도적인 안을 가질 수 있다. 지역 단위의 심의회가 지방자치단체의 조례나 예산, 행정에 이와 같은 형식으로 개입해 논의하는 모델을 시험해볼 수 있다. 또한 심의회를 현재 국민참여재판의 배심제와 같이 '의견을 제시하는 형태'로 먼저 시행해볼 수도 있다.

이와 같이 공식적인 결정권은 없는 무작위로 선정된 심의원이 논의할 안건을 선정하고, 그 안건에 대한 여러 의안들의 주장과 근거를 숙고해보고 의견을 제시하는 일을 '공론조사'라고 한다.[2] 이런 공론조사를 항상적으로 실시하고 그 결과를 발표하는 것만으로도 의회와 행정부의 심의를 합리적으로 견인하는 데 상당한 효과가 있다. 하지만 공론조사가 이따금씩만 이루어지고, 거기서 논의할 의제를 정치 엘리트나 행정 관료들이 결정하면 두 가지 문제가 생긴다. 첫째, 결론이 유도되기 쉽다. 의제 설정 방식부터 제시되는 주장과 자료들에 이르기까지,

토론을 주관하는 주체의 입김이 들어가기 쉬운 것이다. 둘째, 정말로 중요한 의제, 시민들의 숙고된 의사에 따르면 꼭 다뤄야 할 의제가 정치 엘리트나 행정 관료들의 회피로 다뤄지지 않을 수 있다.

따라서 헌법을 개정해 입법권을 심의회에 부여하기 전에라도 구성부터 의제 선정에 이르기까지 심의회 운영 방식으로 공론조사를 실시하는 것이 바람직하다. 그때그때 불어닥친 이슈에 부랴부랴 그 이슈에 한정된 공론조사단을 구성해서 공론조사를 실시하는 것이 아니라, 정기적으로 열리는 심의회에서 스스로 심의할 안건을 결정하고, 꾸준히 심의를 진행하는 것이다. 꼭 여기서 제안한 방식을 따르지 않더라도 의제 선정에서부터 무작위로 선정된 심의원이 어느 정도 자율성을 갖도록 공론조사를 실시하면 이 제도에 대해 정치적 스펙트럼 전반에서 지지를 얻을 수 있을 것이다.

이러한 일들은 헌법 개정 없이 법률 제정만으로도 가능하다. 그리고 이를 통해 참여 경험이 늘어날 때, 또 현재 대의제가 국가 과제에 제대로 대응하지 못하고 있다는 이해가 확산될 때, 헌법 개정의 필요성에 대한 압력은 강해질 것이다. 공론조사 결과를 통해 질 높은 의사 결정이 이루어질 수 있다는 점이 확인되면, 심의회에 제도적 권한을 주지 않을 이유가 없기 때문이다.

공론조사 형태로라도 제도가 도입되면 광범위한 후속 개혁을 견인할 수 있다. 그러므로 심의회 제도가 단번에 시행되지 않는다고 실망할 필요는 없다. 제도 도입의 압력은 참여형 심의민주주의 부분 제도들의 경험과 함께 커져갈 것이다. 즉 치안, 교육, 환경, 예산을 다루는 심의 제도는 지역 단위의 심의 실험이 효과를 낼수록, 사람들의 참여 경험이 늘어날수록 전국 단위 심의회에 대한 요청은 강해질 것이다.

지방자치단체 외에도 이러한 모델을 내부적으로 실험할 수 있는 주체가 하나 더 있다. 바로 정당이다. 정당의 정책이나 강령은 오늘날 그 정당 소속 국회의원, 그중에서도 권력 중심에 있는 국회의원들이 좌지우지한다. 평당원들은 돈이나 대고 선전 도구로 동원되기나 하는 것이 보통이다. 정책에 관련된 의견을 아래에서 위로 수렴하는 공식적인 장치 따위 없다. 국회의원들과 당의 중앙 기구 간부 몇몇이 거의 대부분의 의제를 결정한다. 그러니 당원이 되거나, 당원이 된다 해도 적극적으로 활동할 유인이 별로 없다. 당의 의사 결정 과정이 오늘날 대의제의 의사 결정 과정과 닮은꼴을 이루고 있는 것이다. 그렇다고 당의 강령이나 정책을 인터넷 등을 통해 당원들의 직접 투표로 바꿔버린다면 당의 진정성과 전문성이 훼손된다. 또한 단순 직접민주주의 모델이 안고 있는 많은 문제들이 당원 직접민주주의에서도 마찬가지로 나타난다. 결국 대안은 당내 심의민주주의다.

당이 지역별 당원으로 구성된 심의회를 정기적으로 개최하고, 그 심의회에서 결정된 안을 명시적인 반대 이유 진술 없이는 무시할 수 없는 권고 자료로 쓰기만 해도, 정당 민주주의는 크게 개선될 것이다. 사람들은 정당 정책에 영향을 미치기 위해 자신들이 무엇을 해야 할지 정확히 알게 된다. 당에 가입하고, 당 심의원이 되어 당의 정책 발의에 압력을 넣고, 정책을 심의해 결정하는 것이다.

이것은 대단히 중요한 실험이다. 정당은 실험을 시작할 가장 중요한 장소이자 가장 적절한 장소며, 가장 현실적인 장소다. 당내 실험이 성공적으로 이루어져 당의 낡은 정책 가운데 많은 부분이 고쳐진다면, 그

성과는 두말할 나위 없이 국민적 의결 과정을 변혁시키는 데에도 활용될 것이다.

정치 신문

현재 미디어 세계는 심의에 매우 부적합하다. 한편으로 미디어들은 현질서에서 이런저런 세력에 부당한 영향을 받기 쉽다. 자본은 미디어의 생존에 필요한 광고를 주거나 끊을 수 있다. 정부는 기자들에게 유리하거나 불리한 보도 환경을 조성할 수 있다. 대중은 자신들의 확신에 어긋나는 기사를 싣는 매체들을 보지 않거나 그 보도의 진실성을 지속적으로 폄하하는 환경을 조성할 수 있다. 그러므로 미디어는 언제나 이세 권력의 자장 안에 깊이 들어가 있다.

이에 더해, 미디어의 보도 내용과 보도 방식은 구독자의 흥미와 불가분하게 결합되어 있다. 단순한 흥미에 호소하지만 정치적 중요성은 크지 않은 소식들이 대부분을 차지한다. 정치적 쟁점이 보도되더라도 구독자의 즉각적인 공분을 이끌어내도록 사태는 과장되거나 단순화된다. 미디어의 수익 기반이 인터넷으로 옮겨가면서 이런 경향은 더욱 심해졌다. 이로써 어떤 문제든 그 구조나 해법은 매우 간단하다는 인상이 광범위하게 확산되고, 일정 시기에 대중의 큰 즉자적인 지지를 받는 해법은, 잘못된 전제나 그와 관련된 부작용들이 주의 깊게 다루어지지 않은 채 반복적으로 퍼부어진다. 더군다나 미디어 자체가 정치적인 성향에 따라 나눠지면서, 구독자들은 자신들의 정치적 성향에 맞는 미디어의 기사만 보고, 그에 따라 객관적인 사실 보도보다는 당파적인 선동이 더욱 인기를 끌게 된다.

이런 사태가 일정 기간 지속되면 언론인들 자체가 언론사별로 당파적 관심사에 매몰된 사람들로 채워진다. 이들은 다시 심의와는 거리가 먼 기사를 생성해냄으로써 대중이 사안을 바라보는 방식에 영향을 미친다. 이러한 상황에서는 이미지와 상징을 이용한 대중 여론 조작이 활개를 치기 쉽다. 그리고 사람들은 자신이 속한 당파에 따라 거의 모든 사안과 관련해서 손쉬운 해법이 있지만 무지하거나 악의적인 반대자들 때문에 시행이 안 되고 있을 뿐이라는 식으로 생각하기 쉽다.

이런 미디어 환경에서는 인내심을 갖고 면밀히 사안을 살펴 어렵사리 새로운 해법을 도출하는 심의가 이루어지기 힘들다. 민주주의 질質에 매우 부정적인 영향을 가져올 수밖에 없는 것이다. 이러한 사태에 대처하기 위해서는 커뮤니케이션 흐름을 심의에 보다 적합하도록 투명하게 만들어줄 공적 매체를 만들 필요가 있다. 즉 중요하게 논의될 공적 의제의 실제 내용과 그 근거들을 심층적이면서도 일목요연하게 보여주는 정치 신문을 발행하는 것이다. 정치 신문은 모든 국민에게 무상으로 배포된다. 정치 신문에는 광고가 실리지 않는다. 정치 신문은 온라인으로도, 오프라인으로도 발행된다. 오프라인 배달을 원치 않는 사람은 이메일 등 정보 통신 매체를 통해 받는다. 정치 신문에는 심의회에서 논의되는 안건에 대한 서로 다른 의안들을 뒷받침하는 주장들이 구체적인 근거를 가지고 개진된다.

정치 신문은 의안 발의자들이 그 내용을 충실히 준비할 수 있는 기간을 두고, 이를테면 일주일에 한 번 발행한다. 정치 신문은 심의회에서 논의하는 안건에 따라 그 내용이 결정되므로 당연히 지역 단위와 전국 단위, 두 종으로 발행된다. 지역 정치 신문은 지역 심의회에서 논의하는 안건들에 대한 의안별 주장과 근거를 싣는다. 그 내용은 의안을 대표 발의한 의원들이 제공한다. 도와 광역시의 정치 신문에 해당 시·군·구의 정치 신문이 첨부되어 각 세대에 배달된다. 한편 전국 정치 신문은 전국 단위 심의회에서 다루는 안건에 관해 싣는다.

 세금으로 운영되며, 모든 국민에게 무상 배포되는 정치 신문은 광고가 없기 때문에 광고를 의뢰하는 기업이나 이익단체가 그 내용에 영향을 끼칠 수 없다. 정부의 부당한 간섭으로 불이익을 받을 수 있는 사인이 운영하는 것이 아니므로 정부의 압력으로부터도 더 자유롭다. 대중의 구독료로 운영되는 것도 아니며, 배격당하거나 폄훼될 독립된 보도 주체가 있는 것도 아니다. 서로 다른 의안의 발의자들이 정해진 기준과 형식에 맞게 근거를 가지고 의안을 설명할 뿐이다. 편집은 선거관리위원회가 맡는데, 통상의 신문 편집국처럼 무엇이 실릴지를 결정하는 것은 아니다. 그 주장과 근거, 즉 내용은 각 의안들의 대표 발의자가 정당, 결사체, 다른 발의 의원들의 도움을 받아 작성하여 자신의 명의로 송고한다. 선거관리위원회는 객관적 사실에 어긋나는 명백한 허위 주장, 그리고 의안의 논의와 관계없는 인신공격이나 모욕 등의 표현만 걸러낸다. 선거관리위원회가 편집한 내용에 대해서는 즉시 불복할 수 있는 절차를 마련해두고, 이 절차는 원칙적으로 일주일이 걸리지 않도록 규정한다. 의도적으로 거짓말을 했거나 틀린 통계를 제시한 것이 밝혀질 경우에는, 정치 신문 첫 면에 그러한 오류가 있었다는 공고를 싣는다.

 대부분의 문제는 상호 비판을 통해, 그리고 전문가와 연구자들의 그 분야에서 확립된 지식을 인용해서 이루어지는 기여를 통해 해결될 것이다. 학문적 방법론에 따라 생산되고 동료들의 검토를 통해 확인된 지식은, 서로 의견 차가 있다 하더라도 허위로 간주되지 않는다. 발의자는 의안을 보다 많은 시민과 심의원들에게 설득력 있게 제시하기 위해 쉽게 글을 쓰면서도 보다 풍부하고 논리적이며 사실적인 정보를 담으려고 할 것이다. 정치 신문에 실리는 글은 정치적 지지자들을 동원하거나 정치적 반대자들을 모욕하기 위한 것이 아니다. 아직 입장을 정하지 못한 심의원들을 설득하기 위한 것이므로, 그만큼 근거 있는 내용으로 채워질 것이다. 이에 심의회에서는 정치 신문에 제공된 내용을 기본으로 각 의안 대표들의 추가 자료를 함께 고려하면서 토론이 진행된다.

자율적 결사체

심의민주주의 제도에서 결사체는 중요한 역할을 한다. 결사체는 시민들이 정책 사안에 관해 중지를 모으고 대안을 마련하는 주요 통로 중 하나다. 기존에 지배적인 사적 주체의 판단이 결정하던 영역에 전문적이고 민주적인 통치가 개입할 공간을 마련한다.[3] 또한 인과관계가 복잡한 현대사회에서, 정보와 전문적인 자원이 부족해 권리 침해에 대응하지 못하는 사태를 개선할 수 있다. 예를 들어 사용하는 제품의 안전 문제 같은 것은 그 침해 사실을 파악하는 것 자체가 개별 소비자에게는 어려운 일이다. 또 어떤 문제는 수많은 사람들 중 한 명이 사태를 바로잡는 일에 나서기에는 얻는 이득보다 투여되는 자원이 지나치게 클 수 있다. 이런 사안에 전문적인 조사 능력과 자원 동원 능력, 의제 형성 능력을 갖춘 결사체가 언제든 나설 수 있다면, 공적 사안임에도 공적으로 규율되지 않던 사안들이 민주적 통치 범위 안으로 들어온다. 특히 결사체는 정당과 달리 정치권력을 획득하는 것이 주된 목적이 아니므로 분야별 개별 정책 사안에 집중할 수 있다. 또한 외부 전문가 집단에 필요한 연구를 의뢰하고, 연구 결과를 널리 알리며, 편향된 다른 연구 결과를 비판하는 역할을 할 수도 있다.

그런데 어떤 '의제'에 대한 민주적 대변 능력을 높이기 위해서는 이러한 결사체의 잠재력을 온전히 실현할 수 있는 제도적 틀이 있어야 한다. 즉 결사체도 일정한 '대의적 기능'을 하도록 하는 '유인 구조'가 있어야 한다.

결사체가 제도적으로 대의적 기능을 하려면 우선 운영 자금의 원천이 변해야 한다. 결사체의 주된 자금 원천 중 하나는 후원이다. 물론 십시일반해서 결사체들에 후원하는 것은 의미 있는 일이며, 앞으로도 자금 원천의 하나로 남아야 한다. 하지만 현재 결사체에 대한 공적 지원은 시민단체에 기부하는 금액을 면세하는 정도에 그치고 있다. 이러한 소득세 면제는 상대적으로 소득 수준이 높은 사람들에게만 유인誘因이 될 뿐이다. 이로 인해 자금력과 조직력이 있는 구성원들의 이익을 과대 대변할 위험이 생긴다. 또 그 역할이 심의적 틀 내에 제도적으로 자리하고 있지 않기 때문에, 결사체는 자금을 모으기 위해 대중에게 선명하고 자극적으로 사안을 단순화하여 언론의 스포트라이트를 받으려는 유혹을 느낀다. 이로 인해 심의에 기여하기는커녕 오히려 심의에 반하는 또 하나의 요소가 되어버린다.

결사체의 다른 자금 원천은 중앙정부와 지방자치단체다. 공공 예산으로 결사체에 사업을 매개로 보조금을 주는 것이다. 그러면 정부와의 좋은 관계가 결사체 존속에 중요해진다. 정권을 잡은 정치집단과 그 인적 관계나 이념에서 친근성을 띠는 집단의 결사체가 번성할 조건이 형성되는 것이다. 이로 인해 결사체는 정권의 이념과 의제를 위에서 아래로 관철하는 역할을 하게 된다. 이는 구성원들의 문제를 수렴해서 전문성을 발휘해 공적 의제화한다는 결사체 본연의 목적에 반하는 것이다. 따라서 결사체가 통치 영역에서 공적 지위를 인정받으려면, 이러한 대표성의 왜곡을 완화할 제도적 장치가 마련되어야 한다.

심의민주주의 제도에서 결사체는 투표와 유사한 절차를 거쳐 공적으로 확인받은 대표성에 비례해 공공 재정을 지원받는다. 결사체에 지원하는 전체 재정은 '결사체 예산 기금'으로 확정되어 일정한 규모의 예산으로 책정된다. 종래 정부 엘리트가 결정하던 자금 대부분도 이 예산으로 돌려질 것이다. 그리고 이 예산으로 시민들에게 결사체 바우처를 지급한다. 실질적인 활동을 할 수 있다는 법정 요건이 갖추어진 결사체는 바우처를 받을 수 있다. 시민들은 1년에 5장의 바우처를 받아 투표한다. 한 사람당 한 단체에 1장의 바우처만 투표할 수 있다. 따라서 5장의 바우처를 5개의 서로 다른 결사체에 투표한다. 이익단체에 1장, 지역 시민단체에 1장, 그리고 1장은 연구 단체에, 나머지 2장은 전국적인 결사체에 투표할 수 있다. 결사체들은 추구하는 정책 집합이 유사할 경우 결사체 연합을 구성해서 대표성을 확장할 수 있다.

연구 단체도 바우처의 투표 대상이라는 점이 중요하다. 이로써 전문 지식의 생산이 집권당이 통제하는 국가기구나 자본에 휘둘리지 않는 중요한 기반이 마련된다. 시민들은 연구 단체에 직접 바우처를 투표할 수도 있고, 대학이나 각종 연구소에 연구비를 주고 연구를 의뢰하여 그 결과를 적극 활용하는 결사체에 바우처를 투표해 간접적으로 연구를 지원할 수도 있다. 한편 바우처 투표를 받은 결사체는 실제로 그 바우처를 공적으로 표방한 목표에 적합하게 썼는지 정기적으로 회계감사를 받는다.

　시민들은 자신들이 속한 집단의 이익을 보편적인 정책 주장으로 잘 대변하거나, 공익을 위해 필요한 일을 제대로 하고 앞으로도 잘할 거라고 생각하는 결사체에 바우처를 투표한다. 그러므로 시민단체나 이익단체를 비롯한 각종 결사체는 정권과의 친근성에 신경 쓰는 대신, 민주적 심의 과정에서 자신들의 가치를 끊임없이 입증해야 한다.

행정 모니터링과 정책 제안

현재 국가의 행위나 의사 결정은 의회에서 모두 이루어지지 않는다. 행정부 발의가 전체 의안 발의의 70퍼센트가 넘고, 그대로 통과되는 경우가 많다. 특히 의회의 다수당이 여당일 때, 의회의 논의는 요식 절차가 될 위험에 처한다.

　또 법률의 많은 사항을 행정부의 행정입법에 위임한다. 입법은 국회, 집행은 행정부, 판결은 법원이라는 전통적인 삼권분립이 현실에서 지켜지고 있다고 생각하는 사람은 오늘날 행정입법의 실태를 알면 놀랄 것이다. 대한민국의 행정입법은 헌법 제75조*와 제95조**에 근거를 두고 있다. 행정입법은 법률에서 위임한 사항을 정하는 위임명령과, 법률에서 위임하지는 않았지만 집행에 필요한 사항을 정하는 집행명령으

---

* "대통령은 법률에서 구체적으로 범위를 정하여 위임받은 사항과 법률을 집행하기 위하여 필요한 사항에 관하여 대통령령을 발할 수 있다."
** "국무총리 또는 행정 각부의 장은 소관 사무에 관하여 법률이나 대통령령의 위임 또는 직권으로 총리령 또는 부령을 발할 수 있다."

로 구분된다. 이는 다시 국민에 대해서도 효력을 갖는 법규명령, 행정 조직 내부에서만 직무에 관해 구속력을 갖는 행정규칙으로 나뉘는데, 내부 규칙이라고 해도 결국에는 국민의 권리와 이익에 영향을 미치기 마련이다.

행정입법으로 정할 사항과 법률로 정할 사항을 본질적이고 명확하게 구분 짓기는 힘들다. 또 법률에서 틀을 잡아놓았다 하더라도 실제로 행정입법에서 어떻게 정하느냐에 따라 구체적인 국민의 권리와 의무는 크게 달라질 수 있다. 그렇기 때문에 행정입법을 의회가 제대로 통제하지 못하는 사회의 국민은, 실제로는 의회의 입법에 따라 산다고 생각하지만, 사실은 많은 부분 행정 관료의 의지에 복속해 사는 것이다. 예를 들어 과로로 인한 업무상 질병을 인정받으려면, 법률에는 명시되어 있지 않은, 산업재해보상보험법 시행령에서 정한 세세한 요건을 충족해야 한다.[4] 또한 금액이나 규모같이 적용되는 법의 수많은 실질적인 사항들이 고시에 의해 결정된다. 법률에는 기준을 준수하라고 되어 있지만 그 기준을 10으로 정하느냐 80으로 정하느냐는 엄청난 차이를 가져온다. 그럼에도 그런 사항의 결정은 의회의 직접적인 통제 대상이 아니다.

이러한 상황을 개선하려면 의회가 행정입법을 제대로 검토해서 시정을 요구하고, 시정되지 않으면 행정입법을 폐지할 수 있는 권한을 가져야 한다. 그런 권한이 없는 상태에서는 행정입법이 타당하지 않을 때마다 입법을 통해 무력화시키는 우회로를 거쳐야 하기 때문이다. 하지만 의회에서 법률안이 통과되는 것은 간단한 일이 아니다. 이 때문에 의회는 적절한 법률을 제정하거나 개폐하지 못하는 것과 마찬가지로, 행정입법에 대해서도 제때 통제하지 못할 수 있다. 그리고 시민들은 부당한 행정입법으로 인해 피해를 입거나 제대로 된 행정 처리를 받지 못하더라도, 정치적으로 시정될 때까지 상당히 먼 길을 갈 수밖에 없다.

한편 행정입법이 부당하다고 해서 행정입법 사항을 법률로 규정해버리면 여건의 변화를 적시에 좇지 못해 사안의 규율이 경직될 위험이 커진다. 또한 행정입법이 명백히 위법인 경우를 제외하고는, 법원을 통해 행정입법이 무력화되는 것은 불가능하다. 그러니 행정부의 역할이 나날이 커지는 현대사회에서 행정부를 통제하지 못하는 민주주의는 상당히 부실한 모델이라고 할 수밖에 없다.

심의민주주의에서 행정은 다음의 네 가지 주된 방식으로 통제된다.

첫째, 의회는 물론 심의회도 행정입법을 안건으로 삼을 수 있다. 시민들의 삶에 많은 영향을 주는 행정입법이 부당하거나, 꼭 필요한 행정입법임에도 제대로 되어 있지 않다면, 그에 대한 대안을 제시하며 심의에 들어간다. 즉 심의회는 법률뿐 아니라 행정입법도 제정이나 개정, 폐지할 수 있다.

둘째, 일정 수 이상의 바우처 득표율(예를 들어 전체 바우처의 5퍼센트)을 획득한 결사체 연합이 제안한 정책에 대해서 행정부는 법적인 석명釋明 책임을 진다. 받아들이지 않는다면 왜 받아들이지 않는지, 수정해서 받아들인다면 왜 그런 수정이 필요한지 그 이유를 공식적으로 설명하는 것이다. 또한 행정부에 제안한 결사체 연합의 대표성이 클수록, 그 제안을 받아들이지 않을 경우 심의회 안건으로 올라갈 확률이 그만큼 높아진다. 이러한 상황은 행정부의 의사 결정에서 심의 요소를 강화한다. 그러니 행정부가 입안한 정책들을 심의회가 기각하는 비효율성도 줄인다. 사전적, 능동적으로 숙고된 시민들의 의사로 추정되는 의견들을 행정부가 미리 참조해 결정하기 때문이다.

행정조직의 중심은 관료 조직이다. 관료제는 뚜렷한 장점과 단점이 있다. 존 스튜어트 밀[5]은 관료적인 정부의 장점으로 "축적된 경험을 가지고 있고", "시행착오와 오랜 숙고의 산물인 전통의 지혜를 활용할 수 있"으며, "실무를 담당하는 사람들이 적절한 실천적 지식을 응용할 수 있는 규정을 만드는 것도 가능하다"는 점을 든다. 반면에 단점으로는 개인의 정신적인 요소를 침체시키고, 변화에 대한 거부감으로 활력을 잃게 하고, 기계적인 반복의 부품이 되어 독특한 개별성을 발휘하기 어렵게 만든다는 점을 들었다. 단점을 극복하기 위한 밀의 결론적 제안은 관료의 의식 개혁이나 관료 부서 체계의 개혁이 아니다. "오직 민주적인 참여가 용인되는 정부 아래에서만 창의적인 재능을 가진 사람이 기계적이고 틀에 짜인 평범함과 맞서 싸울 수 있다." 즉 자유(민주정)와 전문적 관료제가 결합되어야 한다. "전체 인민을 대표하는 기구가 최종 결정권을 보유하고 실제로 그 권력을 행사하는 가운데, 지적 전문성을 갖춘 유능한 사람들이 업무를 맡아 처리함으로써 최대한 효율을 얻게 하는 것"이 정치제도의 제일 목표로, 인민 주권과 양립하는 한에서 전문가의 역할을 최대한 늘려야 한다. 이것이 바로 밀이 이상으로 삼은 숙련된 민주주의다. 대표성을 지닌 결사체의 전문적 제안에 행정부가 주의를 기울여 반응하도록 하는 제도는 바로 이런 이상을 상당 부분 실현시킨다.

삼중 유인 구조

심의민주주의의 핵심 제도를 다시 정리해보자. 첫째, 심의회를 구성한다. 심의회는 국회와 입법권을 병행해서 갖는다. 심의원은 정당 연계 심의원, 무작위 배정 심의원으로 나뉜다. 심의회는 정기적으로 개최되며, 법률과 행정입법의 제정, 개정, 폐지를 논의하고 결정한다. 심의회의 결정은 국회가 다음 회기에서 뒤집을 수 있으나, 그에 따르는 정치적 부담을 감수해야 한다.

둘째, 정당은 매년 투표를 통해 바우처로 공적 재정을 지원받는다.[6] 정당은 당내 심의민주주의를 확립한다. 또한 국회의원 30명 이상은 심의회에서 다룰 안건을 발의한다. 셋째, 결사체들도 매년 투표를 통해 바우처로 공적 재정을 지원받는다. 결사체들은 전문성을 바탕으로 사실을 조사하고, 정책을 연구한다. 그리고 국회의원들에게 전문적인 제안을 통해 심의회에 안건을 발의할 것을 촉구하고, 심의회에서 토론된 정책 자료들을 작성하는 데 도움을 준다.

넷째, 광고가 없고, 모든 시민에게 무상 배포되는 정치 신문을 발간한다. 전국 단위의 정치 신문에는 심의회에서 다뤄지는 안건에 대한 각 입장들의 주장과 근거가 실린다. 다섯째, 행정입법은 심의회의 통제를 받을 수 있으며, 의회는 행정부에 대한 수정 요구권을 가진다. 또한 행정부는 일정한 대표성을 지닌 결사체의 제안에 실질적 이유를 들어 응답할 석명 책임을 진다.

여섯째, 연구 단체 역시 결사체와 마찬가지로 바우처로 재정을 지원받는다. 이를 통해 연구 단체는 국가와 자본으로부터 독립된 상태에서 전문 지식을 생산하는 기반을 갖는다. 이러한 독립성의 기반은 연구 결과의 신뢰성을 높여준다. 또한 결사체와 정당에 제공되는 바우처는, 자신들의 주장을 검토하거나 뒷받침하기 위해 필요한 연구를 연구자와 연구 기관에 의뢰할 때 사용될 수 있다. 이들의 연구 결과는 의회와 심의회에서 진지하게 활용될 것이다.

이러한 심의민주주의가 확립될 때 정치 엘리트들은 삼중 유인 구조 triple incentive structure 속에 놓인다. 먼저, 국회는 발전된 정당 내 민주주의와 정당 바우처 투표를 통해 보다 책임성 있게 구성된다. 두 번째로, 국회의원들의 의사 결정은 심의회에서 뒤집어질 수 있다. 이렇게 뒤집어진 법안을 통과시킨 의원들은 인민의 '숙고된 의사'를 인정하지 않은 것이므로, 다음 선거에서 매우 불리한 위치에 서게 될 것이다. 따라서 의원들은 항상 '숙고된 인민의 의사'가 무엇인가를 살펴보게 된다. 마지막으로, 국회와 행정부는 등 뒤에 심의회라는 총을 두고, 정책을 모니터링하고 제안하며 공적 의안을 형성하는 전문적 결사체들의 활동을 통해 추정되는 '심의 의사'를 늘 살펴볼 유인을 갖게 된다.

그러므로 심의민주주의의 삼중 유인 구조는 대의민주주의의 심의성, 책임성, 반응성을 강화하는 역할을 한다. 이러한 구조하에서 민주주의는 정치적 대표(의회)-결사체-심의회라는 세 개의 다리로 떠받쳐진다. 이 세 개의 다리는 질 높은 의사 결정을 유도하고, 민주주의 이념을 실현 가능한 범위에서 온전하게 구현한다. 우리는 이것을 심의민주주의, '삼각 민주주의'라고 부를 수 있을 것이다.

삼각 민주주의는 이 책의 서두에서 제시한 로버트 달의 민주주의 평가 기준에서 모두 개선된 결과를 보여준다.

첫째, 평등한 투표권. 시민들이 의안에 대해 갖는 공적 결정력은 심의회를 통해 훨씬 더 평등해진다. 삼각 민주주의는 누구나 직접 참여가 가능한 심의회를 중핵으로 포함하기 때문이다. 둘째, 효과적 참여. 시민들은 심의회와 결사체, 정당을 통해 최종 결과에 대해 의견을 표현할 적합하고 평등한 기회를 더 많이 가진다.

셋째, 계몽된 이해. 관련 지식과 정보를 숙지하지 않은 상태에서 답하는 여론조사가 아니라, 토론을 필수로 포함하는 절차를 거쳐 나온 숙고된 의견이 통치의 중요 요소가 된다. 넷째, 인민에 의한 의안의 최종적 통제. 이익집단 또는 권력과 자원을 가진 계급의 이익과 특정 이념 집단의 확신을 반영하는, 일반 시민의 이익과 괴리된 입법과 행정은 심의회에 의해 최종적으로 뒤집힐 수 있다. 그리고 이러한 가능성은 심의회의 안건이 되지 않는 다른 안건들에도 견제 작용을 한다.

다섯째, 포괄성. 정부와 의회뿐만 아니라 결사체와 정당까지도, 보유한 조직력이나 자원이 적다고 일부 시민들의 이익과 요구를 배제하거나 소홀히 하지 않고 포괄적으로 고려하게 된다.

또한 우리는 단순 직접민주주의 제도와 참여형 심의민주주의 제도를 살펴보면서 도출한 제도 설계의 일곱 가지 지침도 삼각 민주주의가 더 잘 만족시킨다는 것을 알 수 있다.

첫째, 주장의 질을 구별한다. 삼각 민주주의는 단순한 여론과 심의회에서 숙고한 의견, 그리고 정당과 결사체를 통해 조직화되고 정돈된 의견을 구분한다.

둘째, 무임승차 문제를 처리한다. 심의원들은 자발적인 의사에 따라 심의회에 참석한다. 심의회의 경험은 그들의 삶에서 좋은 경력과 자산이 된다. 반복되는 무작위 배정 절차, 불참 의사 존중, 최저임금을 상회하는 급여와 교통비 지급, 교육 기회의 제공은 심의에 참가하는 것이 그들에게도 좋은 일이 되도록 해준다. 그러면서도 해당 사안에 이해관계가 크게 걸려 있는 사람들 위주로 참여하거나 특정한 계층의 사람들만 주로 참여할 위험이 큰 단순 직접민주주의의 결함을 극복한다.

셋째, 심의의 공정성을 담보한다. 무작위 배정으로 구성되는 심의원과, 매년 실시되는 정당에 대한 바우처 투표와 연계되어 구성되는 심의원의 혼합은, 심의의 공정성과 함께 안정성 및 정치적 활력을 동시에 담보한다. 심의회는 각 정당의 주장을 들을 충분한 기회를 가지면서도, 당파적 대립에 매몰되지 않는다. 이를 통해 의회는 심의회와 단절되지 않고, 오히려 심의회를 통해 그 대의 기능이 더 강화된다. 보편적 정책 원리를 부기하라는 요건은 다수 이익이 공익으로 위장하여 소수를 희생하는 일을 방지한다. 넷째, 자원 불평등이 심의를 왜곡하지 않는다. 정당과 결사체에 제공되는 바우처는 자원 불평등이 의제 형성의 불평등으로 이어지는 고리를 축소한다.

다섯째, 심의의 규모가 크고 의안의 범위가 넓어도 작동 가능하다. 심의회 안건은 지역 단위의 특정 분야에 한정되지 않으며, 입법과 행정의 광범위한 사안도 다룬다. 이렇게 할 수 있는 이유는 다루는 안건의 수가 제한되어 있기 때문이다. 국회의원 30명이 발의한 안건 후보 가운데 이전 회기 심의회가 선정한 안건만 다룬다. 심의회는 수많은 안건을 직접 다 다루어 대의제를 대체하고자 하는 것이 아니라 견제하는 것이 주요 목적이다. 따라서 이 제도는 일시적 열광에 의한 동원이 사라지면 작동 불가능한 제도가 아니다. 안정적으로 계속 작동 가능하다.

여섯째, 전문가 조력의 편향을 극복할 수 있다. 그동안 이루어진 공론조사의 실험들과는 달리 의제를 전문가나 관료가 주관하지 않는다. 시민이 주도권을 가지고 안건 의제들을 설정하며, 안건의 작성 과정에는 결사체들이 전문성을 가지고 개입한다. 국회의원 30명이라는 발의 요건도 정치 엘리트들의 다수 합의를 요하지 않으면서 보편성과 공공성의 기준으로 안건을 걸러내는 대의제의 심의 기능을 활용한다. 또한 제공되는 정보는 그 안건에 대해 경쟁적인 의안을 발의한 의원들과 그들을 보조하는 결사체들이 준비하므로, 정책 드라이브를 걸고자 하는 행정부가 정보와 자료를 통제할 수 없다. 여기에 연구 단체가 바우처로 재정을 지원받을 수 있기 때문에 연구의 독립성이 보장되고, 경쟁적인 연구들이 학문의 논리에 따라 신뢰성을 검증받는다.

일곱째, 결사체들이 시민들의 다양한 요구를 풍부하면서도 온전하게 반영할 수 있도록 유도하는 공적 지원 제도가 있으며, 결사체들에 심의를 활성화하는 제도적 역할이 주어진다. 결사체들은 공적 재정을 바우처 형태로 지급받아 이에 비례하는 대표성을 확인받는다. 대표성이 일정한 기준을 넘어선 결사체의 정책 제안에 행정부는 석명 책임을 진다.

중요한 것은, 삼각 민주주의 모델의 세부 사항보다는 이러한 기준들이다. 세부 사항은 이후 토론을 거쳐 변경될 수도 있다. 그럼에도 구체적인 모델은 이러한 기준들이 어떻게 구현될 수 있는가를 생생하게 보여준다. 민주주의를 개선할 수 있는 규준이 공허한 이야기에 그치지 않고, 민주주의 이념이 제기하는 중대한 제안을 받아안아 실현할 수 있는 길이 분명 우리에게 있음을 알게 해주는 것이다.

10장

자유로운
시민들의
새로운
민주주의

국민을 고발하고 시민을 옹호한다

문지기의 기준

입헌민주주의와 참주정 사이

참주정의 은밀한 공격

그 무엇이 되고자 하는 시민

국민을 고발하고 시민을 옹호한다

우리는 이제 국민을 고발할 때가 되었다. 정치 혐오를 되풀이하며, 정치와 행정의 소비자와 수혜자로서만 스스로를 바라보고, 아무것도 하지 않으면서 감나무 아래서 감이 떨어지기만을 기다리며 불만을 두서없이 늘어놓는 국민을 고발한다. 우리가 우리 스스로에 대한 고발장을 쓰는 이유는, 우리가 그러한 국민으로 남아 있는 한 우리 삶의 여건을 스스로 형성하기는 어려울 수밖에 없기 때문이다.

국민과 시민의 차이는 무엇인가?

단순한 사전적 의미로 국민國民은 국가의 구성원, 시민市民은 시의 구성원이다. 그러나 우리가 '시민'이라고 할 때 그 시민은 단순히 행정구역상의 도시 구성원을 일컫는 말이 아니다. 국민과 시민이라는 말에는 매우 다른 규범과 역사의 함의가 새겨져 있다.

시민성이라는 말은 통치에 참여하는 구성원이 서로의 관계에서, 그리고 사회의 운영에서 갖는 일정한 능력과 태도를 가리키는 규범적 함의를 지닌다. 그에 비해 국민성이라는 말은 단지 한 통치 단위의 성원에게 공통되는 특성을 가리키는 묘사적 함의만을 지닌다. '시민사회'라는 말은 있어도 '국민사회'라는 말은 없다. '비판적 시민 의식'이라는 말은 있어도 '비판적 국민 의식'이라는 말은 없다.

이러한 함의의 차이는 역사적인 것이다. 국민은 피통치자와 통치자가 근본적으로 분리되었던 시대, 이를테면 왕정 시대부터 쓰인 말이다. 이때 국민, 즉 백성百姓은 자유인일 필요도 없었다. 조선 시대에는 백성의 30~40퍼센트가 노비였다. 그럼에도 왕을 비롯한 정치 엘리트들은 그들의 복지에도 신경을 썼다. 만일 흉년이 들어서 굶어 죽는 노비가 속출하면, 정치 엘리트들은 정책을 어떻게 펼쳐야 할까 고민했다. 그러나 노비가 조선이라는 국가의 국민이었다고는 말할 수 있어도, 시민이었다고는 말할 수 없다. 그들은 국가정책에 대해 어떠한 목소리도 내지 못했으며, 그런 목소리를 낼 수 있는 자격을 지닌 존재로도 인정받지 못했다.

반면에 구성원이 국가의 정책 집행에 대해 의견을 형성하고 이의를 제기하는 '공론장公論場'이 있다면, 그 공론장에 참여하는 구성원을 시민이라고 부를 수 있다. 공론장은 비판적인 토의가 이루어지는 장으로, 여기서는 공공 사안을 논의할 때 논거論據의 힘에 의해 확보되는 논증의 권위 이외의 어떠한 권위도 인정하지 않는다. 이런 공론장이 존재할 때 구성원들은 논의에 참여해 근거들을 교환하며 의견을 형성하고, 형성된 의견을 준거로 삼아 국가권력을 비판할 수 있다. 이렇게 될 때 구성원들은 일정한 기준을 가지고 통치 권력을 형성할 자격을 가진다.

스피노자는 다음과 같이 이야기했다. "사람들이 국가의 법으로 국가의 모든 이익을 누린다면, 그들을 시민이라고 부른다. 그리고 그들이 국가의 질서와 법을 준수하도록 묶여진 한에서, 그들을 신민이라고 부른다."[1] 일부에게만 이익이 되는 법에 복종을 강요당할 때도 사람들은 국민으로 남아 있을 수 있다. 그러나 무엇이 보편적으로 향유할 수 있는 공통된 이익인지 걸러낼 수 있을 때에만 시민으로 남을 수 있다. 따라서 시민과 국민의 차이는, 통치 권력의 근원과 내용을 형성하는 데 구성원이 어떤 지위를 가지고 참여해 어떤 역할을 하느냐에서 오는 것이다.

국민은 통치 권력의 집행과 행사의 대상이자 수혜자다. 그에 비해 시민은 통치 권력 자체를 형성하고, 더 나아가 권력의 내용과 행사 방식을 감시하는 문지기 역할을 한다. 즉 시민은 부당한 권력이 걸러지지 않은 채 국가 권력으로 번역되는 것을 방지한다.[2] 따라서 국민이라고 말하기 위해서는 통치의 대상이자 수혜자면 족하다. 그에 비해 시민이라고 말하기 위해서는 권력의 자의적 선호가 용인되지 않도록 하는 문지기 역할을 수행할 수 있어야 한다.

문지기의 기준

시민이 부당한 권력 행사를 방지하는 문지기 역할을 한다면, 무엇이 부당하고 정당한지를 판별하는 기준, 그러한 기준을 세울 수 있는 지위에 대해 생각할 수 있어야 한다. 권력이 강대한 사람이 와서 '문을 열어라' 하고 말하면 기준을 충족했다며 문을 열어주는 사람은 제대로 된 문지기라고 할 수 없다. 시원찮은 문지기다. 있으나 마나 한 문지기다. 그러면 국민과 시민의 차이는 금방 사라지고 만다.

예를 들어 노예가 문지기 역할을 한다고 해보자. 조선 시대의 노비는 자기 남편의 눈길을 받았다는 이유로 양반 부인이 손가락을 잘라도 아무 말 할 수 없었다.[3] 또한 양반은 소란을 피우는 노비를 과감하고 은밀하게 죽이면 품성이 훌륭하다고 칭찬받았다.[4] 『대명률직해』를 보면, 노비 주인은 노비를 구타해도 아무런 문제가 되지 않았으며, 신고만 하면 노비를 때리다 죽여도 처벌받지 않았다. 반면에 노비가 주인을 때리거나 욕하면 사형을 당했다.[5] 게다가 노비는 주인을 고소해도 교수형을 당했다.[6] 노비는 원하는 대로 결혼도 하지 못했다. 노비의 지위는 대물림되고, 노비와 양인이 몰래 결혼을 해서 자식을 낳으면, 자식은 노비가 되고 부부는 강제로 이혼을 당했다.[7]

이런 지위에서 수행되는 문지기 역할은 공허하다. 노예는 스스로 추구할 심층적인 삶의 목적을 갖지 못하고, 주어진 사회적 역할을 그저 수행해야 하는 존재일 뿐이다. 그 사회적 역할은 다른 이들, 특히 노예주가 규정한다. 노예는 노예가 아닌 이들에 비해 열등한 존재며, 노예주가 임의로 허락하는 범위에서만 무언가를 누릴 수 있는 존재. 노예는 스스로 권리 주장을 할 수 없으며, 단지 *그가* 수행하는 사회적 역할 때문에 간접적으로 낮은 수준의 보호를 받을 뿐이다.[8] 한마디로 노예는 불평등하고 부자유한 지위에 처한 사람이다.

문지기로서 문을 열고 닫는 기준은, 구성원들이 근본적으로 평등하고 자유로운 지위를 가지고 있다고 전제할 때 정립될 수 있다. 스스로를 평등하고 자유로운 존재로 인지한다는 것, 스스로를 시민으로 인식한다는 것은 무엇을 의미하는가? 첫째, 시민 각자가 자신의 삶에서 스스로를 심층적인 목적을 자율적으로 추구하는 존재로 바라보는 것을 의미한다. 사람들은 아름다운 사랑을 하거나, 멋진 음악을 작곡하거나, 신실한 종교 생활을 하거나 하는 심층적인 목적을 가진다. 이 목적은 누가 강제로 정해준 것이 아니라 자기 스스로, 자신의 의지에 따라 정한 것이다. 누군가가 규정한 좋은 것을 억지로 담는 그릇이기를 거부하고, 스스로 존엄한 존재로서 삶의 목적과 방향을 설정하고 자기 삶의 이야기를 써나간다. 이런 존재는 자신이 개인으로서 갖는 권리를 인정하라고 주장할 수 있는 독립적인 원천源泉이다. 즉 다른 사람들에게 이익이 된다는 이유가 아니면 권리를 인정받지 못하는 도구적 존재가 아닌 것이다. 이런 존재로서의 자격은 한 사람에게만 또는 특수한 집단에만 주어지는 것이 아니라 구성원 모두에게 동등하게 주어지는 것이다. 이것이 바로 평등하고 자유로운 지위다.[9]

둘째, 서로를 자유롭고 평등한 관계를 맺고 있는 존재로 이해한다. 누구는 자유롭고 누구는 자유롭지 않다면, 그 관계는 정당화될 수 없다. 그 관계가 훼손되었는가는 공론장을 통해 검토된다. 공론장은 어느 누구라도 자유롭고 평등한 '관계'를 훼손하는 시도에 대해 '아니요'라고 발언할 수 있게 함으로써, 이 정당화가 명시적으로 이루어질 것을 요구한다. 공론장에서 자유롭고 평등한 토론을 거치면서도 합당한 '아니요' 발언이 제기되지 않았거나, 제기된 '아니요' 발언에 성공적으로 대처했다면, 국가의 결정은 정당한 것이다. 반대로 '아니요' 발언이 나오지 못하도록 억압했거나, 합당한 '아니요' 발언에 제대로 대처하지 않았다면, 국가의 결정은 부당한 것이다.

따라서 문지기 역할은 아무렇게나 할 수 있는 것이 아니다. 합당하고 합리적인 토의와 심의라는 의사소통 과정을 통해서만 수행할 수 있다. 시민들이 이 과정을 통해 권력의 내용과 행사 방식을 걸러내고 규정하는 것을 '의사소통적 권력 형성'이라고 부를 수 있다. 시민은 의사소통적 권력 형성이라는 문지기 역할을 하는 존재인 것이다.

입헌민주주의와 참주정 사이

평등하고 자유로운 입장에서 '아니요' 발언을 할 수 있는 구성원의 지위와 관계를 인정하는 체제가 입헌민주주의다. 시민들은 기본권을 보장받고, 모두가 서로를 동등한 배려를 받아야 하는 존재로 인정한다. 반면에 구성원이 불평등하고 부자유한 처지에 있어서 '아니요' 발언을 제대로 할 수 없는 체제가 참주정이다. 구성원들은 기본권을 보장받지 못하며, 권력을 가진 자가 허락하는 잉여의 몫만 누릴 뿐이다. 구성원들 사이의 불평등은 자연의 질서인 것처럼 정당화된다.

사람들은 노예라고 하면, 물리적 폭력에 의해 전면적으로 억압받고 신음하는 존재를 생각한다. 물론 물리적 폭력에 의한 광범위한 자유의 박탈은 전면적 노예 상태의 극명한 증거다. 하지만 이 시대 우리를 위협하고 있는 것은 이러한 전면적 노예제가 아니라 부분적 노예제다.

자유를 기준으로 인간의 처지를 평가할 때, 인간은 완전한 자유인에서 전면적 노예에 이르는 스펙트럼의 어느 한 지점에 있다. 또한 어떤 사람들이 권력 형성의 문지기 역할을 하느냐에 따라 사회도 완전한 입헌민주정에서 전면적 참주정에 이르는 스펙트럼의 한 지점에 있다.

완전한 자유인은, 다른 사람에게도 평등하게 보장될 수 있는 양립 가능한 최대한의 자유를 보장받는 사람이다. 그의 자유의 어느 부분도 평등하고 자유로운 사람이 합당하게 '아니요'라고 거부할 방식으로 제한되어 있지 않다. 그에 반해 전면적 노예는, 노예주가 행위 결정권을 법적으로 쥐고 있기에 그에게 명령을 받아야 하는 사람이다. 그는 어떤 행위든 부당하게 간섭받을 수 있으며, 그때 사회질서는 간섭의 이유와 방식을 노예의 입장에서 묻지 않는다.

부분적 노예는, 보장받는 자유도 있지만 부당하게 침해당하는 자유도 있는 사람이다. 즉 그의 자유는 권력을 쥔 자가 일정한 생활의 기본적 필요 요소들을 철회할 수 있다는 조건하에서 성립하는 조건부 자유다. 아직 완전한 입헌민주주의에 이르지 못한 사회의 구성원들은 부분적 자유인이자 부분적 노예의 처지에 있다.

한 국가 내에서 동일하게 이러한 부분적인 노예 상태, 자유가 침해당하는 상태에 처한 사람이라도 서로 다른 능력과 태도를 보일 수 있다. 노예 상태를 인지하지 못하는 권력의 종복從僕, 수동적인 국민은 주어진 것에 만족하며 개인으로 할 수 있는 일만 바지런히 한다. 그들은 개인적인 해결책만을 집요하게 찾고, 그 해결책이 자신이 원하는 결과를 보증해준다고 스스로를 세뇌하며, 그렇게 되지 않았을 때에는 개인적인 치유 방안을 찾는 데 그친다. 이런 식으로 자신의 정신과 활동을 제한하다보면, 자신이 부분적 노예 상태라는 사실을 아예 인식조차 하지 못하거나 오히려 정당한 것으로 생각하는 인지적 노예가 되어버린다.

인지적 노예는 일종의 인간 가축이다. 외적인 상황 때문에 피지배자가 된 사람과 가축은 다르다. "우리는 사람들이 자신의 지배자에게 복종하는 것보다 모든 가축이 가축지기에게 더욱 기꺼이 복종하는 것을 목도했다. (……) 가축이 가축지기에게 복종하는 것을 거부하거나, 그 결과로 발생하는 이익을 향유하는 특권을 부정하면서 그 사람에게 대항하는 음모를 꾸몄다는 이야기는 결코 들어본 적이 없다. (……) 그러나 인간은 어떤 사람이 자신을 지배하려고 시도하는 것을 보면 곧 그에게 대항하여 음모를 꾸민다."[10]

인지적 노예는 가축의 의식을 그 기본으로 삼고 있다. 즉 노예적인 것을 정당하고 올바르거나 불가피한 것으로 인식한다. 그러나 부분적 노예제는 언제나 그럴 법한 정당화 수사와 함께 생활의 일부분에 도입되기 때문에, 사람들은 그것에 의해 억압받고 있다는 사실을 느끼지 못하는 경우가 많다.

현재 자신의 욕구에 부합하는 자유의 실현이 폭력적으로 방해받지 않는다고 해서 노예제가 아니라고 단정할 수는 없다. 자신의 욕구와 신조를 형성할 때 불평등하고 부자유한 억압이 개입하거나, 이미 생긴 욕구와 신조를 바꾸는 데 부당한 장애가 있다면 부분적 노예 상태에 빠진 것이다. 이러한 '신조 형성'에 대한 조작과 개입으로 발생한 노예제는 훨씬 근본적인 노예제다. 노예인 것을 인지조차 못하는 상태에 빠지도록 만들기 때문이다. 나치에 적극 참여, 동조, 방관했던 독일 사람들을 인터뷰한 책은 그들이 나치 치하의 삶을 자유로웠던 것으로 기억한다는 점을 보여준다. "내가 만난 9명의 친구들(……)에게는 분명히 그 때야말로 자기 삶에서 최고의 시기였다."[11] 사람들이 자신의 정신을 체제의 질서에 맞춰 주조할 때 그들의 자유감은 별다른 손상을 입지 않는다. 체제가 시키는 대로만 생각하고, 체제가 배제한 사람들을 신경쓰지 않는 사람들은, 아무런 잘못도 발견할 수 없으며, 잘못에 관한 정보도 알 길이 없다. 체제에 반대하거나 체제가 사악한 민족이라고 규정한 이들에게 벌어지는 끔찍한 대우에 관한 정보는 보통 사람들에게 도달하기조차 어렵고, 그들은 그런 정보를 알려고 하지도 않는다.[12]

인지적 노예 상태는 자유를 억압하는 체제에 적극 동조하는 자들에게만 나타나는 것이 아니다. 체제의 규범적 근거를 적극적으로 검토하려고 하지 않는 보통 시민들에게도 지배적인 현상이다. 광신자뿐 아니라 소극적인 동조자와 방관자도 무비판적인 정신을 지닌다.[13] 인지적 노예는 악순환의 되먹임 고리를 가진다. 인지적 노예 상태는 자신의 자유에 대한 위협을 파악하지 못하도록 정신을 주조하고, 그렇게 주조된 정신은 추가적인 자유의 제약에 둔감해지기 때문이다.[14]

이제 인지적 노예 상태는 자연스러운 것으로, 인간사의 당연한 부분으로 자유의 제약을 받아들이게 하며, 더 나아가 사람들은 거기서 거리낌 없는 출세의 기회를 본다.[15] 사회의 다수가 인지적 노예가 되면, 오히려 인지적 노예 상태에서 벗어나려는 행위가 규범을 어기는 짓이 된다. 그래서 사람들은 배척되지 않기 위해 스스로 인지적 노예 상태의 길로 걸어 들어간다. "여러분은 공동체에서 존경을 받는다. 왜? 여러분의 태도가 그 공동체의 태도와 똑같기 때문이다. 하지만 그 공동체의 태도는 존경할 만한가? 그건 중요한 게 아니다."[16]

인지적 노예 상태는, 다른 노예 상태와 마찬가지로 전면적일 수도 있지만 부분적일 수도 있다. 그리고 그 부분성은 정도를 달리할 수 있다. 모든 사람들이 어느 정도는 인지적 노예 상태에 빠질 위험이 있다. 인지적 노예 상태에 빠진 사람들의 수가 임계점을 넘어서면, 자유를 보장하는 민주주의는 급격히 악화될 수 있다. 인지적 노예 상태에 빠진 사람들은 자유의 체계가 잘 작동할 때는 그것을 당연시하고, 자유의 체계가 악화될 때는 그것이 악화되는 줄도 모른다.

반면에 시민은 설사 외적 상황 때문에 부분적 노예 상태에 처하더라도 평등하고 자유로운 존재로서의 의식을 간직한다. 부분적 노예 상태를 실질적으로 교정할 정책적 수단이 있으면 지지하고, 여기에 저항할 수 있는 집단적 기반을 형성하고 발전시키는 데 참여한다. 그러므로 많은 이들이 시민의 능력과 태도를 간직하고 상호 교류하며 힘을 모으면, 일부가 나머지를 예속시키는 지배 상태는 안정적으로 지속되지 못한다. 그리고 그만큼 지배 집단은 상황을 유지하기 위해 훨씬 많은 비용을 지불해야 한다. 그래서 지배 집단은 부분적 노예 상태에 처한 시민들을 인지적 노예로 만들기 위한 여러 수단들을 강구하는 것이다.

참주정의 은밀한 공격

그러한 수단 중 가장 노골적이고 거대한 기획이 바로 플라톤이 『국가』에서 구상했던 것이다. 사람들은 출신 성분에 따라 규정된 역할이 있으며, 그 역할을 의무적으로 수행하는 이유는 그들이 그렇게 만들어졌기 때문이라는 것이다. 모든 이들이 인지적 노예가 된 사회는 철저히 닫힌 사회다. 플라톤은 철저히 닫힌 사회를 만들어냄으로써, 구성원 개개인이 동등하고 자유로운 주체라면 결코 받아들일 수 없는 지위를 부여하여 모종의 더 큰 목적을 추구하는 사회를 구상했다. 그것은 근본적으로 "영리하지만 무정한 목동이 양을 다루는 것처럼, 말하자면 지나치게 잔인하지는 않지만 적당히 경멸하면서 인간 가축을 다루는 국가에 대한 이론의 개요"다.[17] 공론장이라는 수문이 없는 닫힌 사회는 구성원들을 "오히려 주인의 지배하에 있는 열등한 동물의 무리로서 그 주인이 자신의 쾌락이나 이득을 위해서 그들을 키우고 부리는 데 불과한" 존재로 간주하는, 즉 "자의적인 권력"의 전횡이 이루어지는 사회가 된다.[18]

오늘날 불완전한 대의민주주의 사회에서 지배 권력을 행사하려는 사람들은 이보다는 좀 더 세련된 접근법을 취한다. 그들은 사람들이 잘 알지 못하는 문제에 대해 확신을 갖도록 막연한 개념과 이미지와 상징을 쉬지 않고 퍼붓는다. 지위 덕택에 다수의 대중에게 틀림없이 도달할 메시지를 쏟아낼 수 있는 이들은, 거의 언제나 자신들에게 유리하도록 현실을 은폐하고 왜곡하는 언어를 사용한다.

조지 오웰의 디스토피아 소설 『1984』에서 정부 기구는 "보도·연예·교육 및 예술을 관장하는 진리부, 전쟁을 관장하는 평화부, 법과 질서를 유지하는 애정부, 경제 문제를 책임지는 풍요부"로 나뉜다.[19] 이 중에서 진리부는 신어들을 생산하고 문장들을 쏟아냄으로써 언어적 환경을 권력에 유리하게 만드는 일을 한다. '진리부'라는 명칭 자체가 이미 언어의 완전한 오염을 보여준다. 물론 이러한 언어 조작을 통해 전파되는 세계관은 "어떤 면에서는 (……) 그것을 이해할 능력이 없는 사람들에게 가장 잘 받아들여졌다".[20]

은밀하게 참주정을 실시하려는 엘리트들은 공론장을 거치지 않고 숙고되지 않은 대중의 확신을 만들어내려고 한다. 그 의견들은 비非공 공적 의견이다. 설사 여론조사를 통해 통계로 발표된다고 해도 여전히 그것은 비공공적 의견이다. 자유롭고 평등한 시민의 지위에서 서로 근 거들을 교환하며 형성된 공론장의 의견이 아니라, 그 시점에서 목소리 큰 자가 쏟아낸 언어 폭력을 받아 정신에 새겨진 자국에 불과하기 때 문이다. 정신에 이런 자국을 가진 사람들의 의견을 단순히 취합하면 그 것이 여론이 된다. 그러나 그 여론은 공론장에 참여한 공중의 의견pulbic opinion이 아니라 쏟아부은 언어에 의해 주조된 개개의 수동적 국민의 의견, 즉 대중의 의견mass opinion일 뿐이다.

공론장을 우회해서 대중의 지지를 받으려는 자는 "자기의 판단을 타 인의 지성에서도 검사해보는 것을 불필요한 것으로 여긴다. 마치 그는 이러한 시금석을 전혀 필요로 하지 않는 양" 행동한다. "그러나 너무나 확실한 것은 우리가 우리 판단의 진리성을 확실히 하기 위해서는 이러 한 수단 없이 할 수가 없"다는 것이다.[21] 많은 이들의 각각의 의견을 취 합한 여론조사는 마치 타인의 지성에 비추어 서로 검사해보았다는 착 각을 일으킨다. 실제로는 아무 사유 없이 주조된 확신이 숫자로 집계된 것에 불과한데도 말이다. 이런 착각은 민주주의를 그 대역代役과 혼동 하기 때문에 발생한다.

민주주의의 대역, 즉 사이비 민주주의 "중에서 가장 매력적인 것은 다수결의 원칙이다. 그러나 다수결의 원칙이란 단지 다수에 의한, 다수를 위한 정치체제일 뿐, 그 자체가 민주주의는 아니다".[22] 공론장을 거치지 않아 인지적 노예 상태에서 가지게 된 확신을 숫자로 취합한 것은 공중의 의견이 아니다. 그런 의견들을 곧장 법에 새겨넣는다면, 그것은 실질적 의미에서 법치주의의 파산이다. 자유롭고 평등한 시민들의 관계가 법으로 인해 일그러진다. 참주정이란, 자유롭고 평등한 시민의 지위를 파괴할 수 있는 행위까지 포함해, 참주가 자의적으로 행위할 수 있는 권한을 지니는 정체政體다. 이러한 참주는 한 명일 수도 있고, 여러 명일 수도 있으며(펠로폰네소스전쟁에서 패한 후 아테네에서는 30인 참주정이 세워졌다), 다수의 구성원이 될 수도 있다. 입헌민주정과 참주정이 서로 구별되는 기준은 지배자의 숫자나, 지배자가 동의를 얻은 구성원의 숫자에 달려 있지 않다. 자유롭고 평등한 관계에 있는 시민들이 타당한 근거를 교환하며 형성해가는 의견이 권력을 가려내는 수문 역할을 하는가에 달려 있다.

언어와 이미지를 통해 이끌어낸 앎, 대중의 앎 없는 확신을 권력 행사의 기초로 삼는 것이 "조작적 공개성"[23]이다. 사람들은 공공 사안에 대해 준비된 적정한 지식을 갖고 있지 않을 때, 그 사안을 다루는 사회의 전반적인 분위기에 민감하게 반응한다. 여론조사 결과도 단순히 질문을 던지는 방식에 따라 완전히 달라질 수 있다. 사람들은 아주 간단한 사실조차 제대로 파악하지 못한 채 중대한 정책에 지지를 보내고, 나중에도 그 오류를 깨닫지 못한다.[24] 불완전한 입헌민주주의 사회에서 충분한 수의 시민이 시민으로서의 능력과 태도를 발휘하지 못할 때, 조작적 공개성은 삶의 곳곳에 침투한다. 조작적 공개성은 일부 구성원들이 다른 구성원들을 지배하기 위해 작동시키는 참주정의 은밀한 공격이다. 현실 사회에서 시민들은 이 은밀한 공격을 방어하면서, 자유롭고 평등한 지위와 관계를 더 강화하려는 노력을 멈춰서는 안 된다.

그 무엇이 되고자 하는 시민

민주주의 이념은 평등하고 자유로운 시민의 이념이기도 하다. 우리가 우리 사회를 저주하며 탄식하는 이유는, 구성원들 사이의 관계가 평등하고 자유로운 대신 불평등하고 예속적이기 때문이다. 우리는 이 탄식을 뒤로한 채 예속적 지위를 그저 받아들이고 살아갈 수도, 이것을 바꾸려는 집합적 노력을 기울일 수도 있다. 그런데 집합적 노력은 민주적 정치를 통해 이루어질 수밖에 없다. 민주주의 이념이 장애와 방해물에 걸려 넘어지고, 왜곡되고, 협소해지고, 축소되고, 찌그러질 때 우리는 새로운 민주주의 모델로 그 상황을 돌파해야 한다.

그러한 모델에서 시민은 의사소통적 권력 형성의 수문이 되고자 한다. 의안의 최종적 통제자가 되고자 한다. 공정하고 온전하게 대의되는 주체가 되고자 한다.

그러므로 우리에게는 할 일이 있다. 이제까지 우리가 한 일은 정치에 욕설을 퍼붓고, 불만을 토로하고, 소비자로서 냉소를 표시하는 것이었다. 이제부터 우리가 할 일은 민주주의 이념이 제안하는 모델을 탐구하고, 그렇게 탐구된 새로운 민주주의 모델을 알리고, 공유하고, 토론을 통해 개선하며, 정치적으로 관철하려고 노력하는 것이다. 우리는 이제 시민의 심의된 의사를 국가 통치에 반영한다는 이념을 정치적 선택의 가장 중요한 시금석으로 삼아야 한다. 그 이념을 받아들이고, 그 이념을 실현하는 민주주의 제도를 공약하는 정당을 선택해야 한다. 그 이념과 모델을 거부하는 정당은 거부해야 한다. 또한 그것은 우리가 후원하고 참여할 결사체를 결정하는 주된 기준도 되어야 한다. 우리는 정당 내의 의사 결정 제도를 이러한 모델로 바꿔나가야 한다. 우리는 지방자치 정치에서 이 모델의 부분 제도들을 실험하고 확산시켜나가야 한다. 그러한 실험을 공약하는 지방의회 의원과 지방자치단체장을 선출해야 한다. 우리는 입법자와 행정 관료에게, 자신을 믿어달라는 공허한 목소리 이외에 시민에게 문지기 역할을 주는 방안을 가지고 있는가라고 반복해서 물어야 한다.

우리 시민은 정치에서 그 무엇이 되고자 요구해야 한다.

1장 국회에는 왜 바보들이 득실거릴까?

1. 오르테가 이 가세트, 『대중의 반역』, 황보영조 옮김, 역사비평사, 2005, 204쪽.
2. 위르겐 하버마스, 『사실성과 타당성: 담론적 법이론과 민주적 법치국가 이론』, 한상진·박영도 옮김, 나남, 2007, 236쪽.

2장 민주주의란 무엇인가?

1. 존 롤즈, 『정치적 자유주의』, 장동진 옮김, 동명사, 2008 참조.
2. 노르베르토 보비오, 『자유주의와 민주주의』, 황주홍 옮김, 문학과지성사, 1998. 보비오는 1970년대에 활동한 이탈리아의 유명한 정치학자로 「대의민주주의에 대안은 있는가?」라는 논문을 통해 학계에 커다란 격론을 불러일으켰다. 보비오는 현대사회의 복잡성, 전문성 외에 의사 결정의 민주적 정당성, 심의성 측면에서도 직접민주주의가 대의제를 대체할 가능성은 회의적이라고 보았다.
3. 아담 쉐보르스키, 『민주주의와 시장』, 임혁백·윤성학 옮김, 한울아카데미, 1997.
4. 임혁백, 『시장·국가·민주주의』, 나남, 1994.
5. 로버트 달, 『경제 민주주의에 관하여』, 배관표 옮김, 후마니타스, 2011.

3장 엘리트주의의 도전

1. 플라톤, 『플라톤의 국가·政體』, 박종현 옮김, 서광사, 2005.

2. 로버트 달, 『민주주의와 그 비판자들』, 조기제 옮김, 문학과지성사, 1999, 135~136쪽.

3. 존 스튜어트 밀, 『대의정부론』, 서병훈 옮김, 아카넷, 2012, 121쪽.

4. 존 스튜어트 밀, 위의 책, 122쪽.

5. 윌리엄 위스털리, 『전문가의 독재』, 김홍식 옮김, 열린책들, 2016.

6. Hanna Fenichel Pitkin, *The Concept of Representation*, Berkeley: University of California Press, 1967, ch. 8.

7. Max Farrand(ed.), *The Records of the Federal Convention of 1787*, New Haven, Conn: Yale University Press, 1966, Vol. 1, p. 256.

4장 위기의 대의민주주의 I

1. Ronald Dworkin, *Freedom's Law: The Moral Reading of the American Constitution*, Cambridge: Harvard University Press, 1997, Introduction 참조.

2. 아래의 논의는 앤터니 다운즈, 『민주주의 경제학 이론』, 전인권·안도경 옮김, 나남, 1997을 기반으로 한 것이다.

3. 콜린 크라우치, 『포스트민주주의』, 이한 옮김, 미지북스, 2008. 「4장 포스트민주주의하의 정당」에서 정당정치가 쇠락한 오늘날의 현실과 작동 메커니즘을 상세하게 설명하고 있다.

4. Susan C. Stokes, "Policy Switch", Przeworski et al. eds., *Accountability and Repesentation*, Cambridge University Press, p. 105.

5. Susan C. Stokes, 위 논문, p. 106.

6. Susan C. Stokes, 위 논문, 같은 쪽.

7. Susan C. Stokes, 위 논문, p. 107.

8. Susan C. Stokes, 위 논문, pp. 116~117.

9. Guillermo A. O'Donnell, "Delegative Democracy", *Journal of Democracy*, Vol. 5, No.1, 1994.

10. 최장집, 『민주화 이후의 민주주의: 한국 민주주의의 보수적 기원과 위기』, 후마

니타스, 2010, 제5장.

11. Susan C. Stokes, 위 논문, p. 120.

12. 임혁백, 『세계화시대의 민주주의』, 나남, 2000, 129쪽.

13. 김순영, 『대출 권하는 사회』, 후마니타스, 2011 참조.

5장 위기의 대의민주주의 II

1. Albert O. Hirschman, "On Democracy in Latin America", *New York Review of Books*, April 10, 1986.

2. 이하 클라로 문화에 관한 설명은 Diego Gambetta, "'Claro!': An essay on discursive machismo", Jon Elster ed., *Deliberative Democracy*, Cambridge University Press, 1998, pp. 19~43의 내용을 정리한 것이다.

3. Darrell West, Diane Heith and Chris Goodwin, "Harry and Louise Go to Washington: Political Advertising and Health Care Reform.", *Journal of Health Politics, Policy, and Law*, Vol. 21, No. 1, 1996, pp. 35~68. 이 글에는 미국 국민의료보험제도 도입에 보험업계가 개입해 견해 분포에 대한 전반적인 인상을 바꾼 사례가 분석되어 있다. 스토크스는 이 논문을 인용하며 광고가 공중의 견해를 국민의료보험제도 도입 찬성에서 반대로 바꿨다는 당시의 생각이 틀렸음을 최근의 연구가 보여준다고 지적했다. 1993년 정치가들 간에 토론이 격렬해지기 이전에 공중은 여전히 개혁의 지지자였다. 그런데 그 시점에 보험업계의 지원을 받은 광고가 방송되었고, 이 광고를 기자와 편집자들이 활동하는 곳에 던짐으로써 뉴스에서 반복해서 다루어졌다. 보험업계의 전략은 이를 통해 보통 시민의 공감을 얻고 있다는 인상을 얻어내는 것이었다.

4. 이를테면 2004년 4월 7일 KBS2에서 방송된 《추적 60분》은 17대 국회의원 선거를 위해 새천년민주당에서 실시한 국민여론조사 방식의 경선을 통한 공천을 다뤘다. 기자들이 1,100명을 대상으로 국민여론조사형 경선을 실시한 지역구의 설문조사 기록지를 검토하다 타당을 지지한 사람의 설문지를 발견하고 이 견해도 반영되느냐고 물었다. 민주당 당직자는 반영되지 않는다고 답했다. 그래서 타당 지지자를 빼니 무당파와 민주당 지지자는 550명에 불과했다. 표본이 엄청 작아진 것이다. 또 이 지역구에는 경선 후보가 3명 출마했다. 《추적 60분》팀은 여론조사에 응했던 사람 중 25명에게 다시 전화를 걸어, 이 후보들에 대해 얼마나

아는지 물었다. 놀랍게도 세 후보 모두를 알고 있었다는 사람은 단 2명에 불과
했다. 사람들은 이렇게 응답했다. "그냥 나이 제일 적은 사람, 참신할 것 같으니
까." "글쎄요, 그때 뭐라 답하기는 했는데, 누구 했는지, 그냥 말해서 기억이 안
나네요." 그리고 그 2명도 '알고 있는 것'에 불과했지 숙고해서 결정을 내린 것은
아니었다. 결국 이 비율로 따지면 경선에 영향을 미쳤던 550명 중에서 44명만이
'좀 알고 있는 상태'에서 판단을 내렸고, 숙지된 상태에서 답을 한 사람은 대단히
미미한 정도에 불과했다. 그런데도 결과는 1,100명을 대상으로 한 신뢰할 만한
여론조사로 공표되었다.

5. 리처드 셍크먼, 『우리는 왜 어리석은 투표를 하는가』, 강순이 옮김, 인물과사상
사, 2015, 55~57쪽.

6. 김상준 , 『미지의 민주주의』, 아카넷, 2009, 293~296쪽.

6장 직접민주주의는 더 나은 민주주의인가?

1. 데이비드 헬드, 『민주주의의 모델』, 이정식 옮김, 인간사랑, 1993, 36쪽.

2. 대니얼 데닛, 『직관펌프, 생각을 열다』, 노승영 옮김, 동아시아, 2015 참조.

3. 피파 노리스, 『디지털 시대의 민주주의: 정보 불평등과 시민 참여』, 이원태 외 옮
김, 후마니타스, 2007, 47~64쪽.

4. Matthew Hindman, *The Myth of Digital Democracy*, Princeton University
Press, 2009. 인터넷 연결망의 위계적이고 몇몇 거점을 통한 집중화된 구도에 대
한 상세한 분석을 통해, 평등한 소통 공간으로서의 인터넷 민주주의가 환상이라
는 점을 드러낸다.

5. 피파 노리스, 위의 책, 207쪽.

6. 데이비드 헬드, 위의 책, 152~153쪽 참조. 헬드는 이것을 단순 직접민주주의 모
델이 전제하는 '정치의 종언'이라고 불렀다.

7. 노르베르토 보비오, 『민주주의의 미래』, 윤홍근 옮김, 인간사랑, 1989, 65~90
쪽.

7장 현실의 직접민주주의 제도들

1. Ian Budge, "Direct Democracy: Setting Appropriate Terms of Debate",
Prospect for Democracy, pp. 136~155. 직접민주주의의 단순화된 모델에 대

한 비판을 모든 직접민주주의에 대한 비판으로 활용하는 것은 논리적 오류임을 자세히 논하고 있다. 그러한 비판은 모든 형태의 참여가 어리석을 수밖에 없다는 결론을 함의하며, 따라서 시민들이 대의자를 뽑을 능력조차 없다는 의미가 되기 때문이다.

2. 김상준, 『미지의 민주주의』, 295쪽. 여기에서도 대의민주주의의 대체가 아니라 대의제의 충분한 발전과 발현을 위한, 동반 성장해야 할 하부구조의 확보가 중요하다는 점을 강조한다.

3. 타운미팅에 관한 이하의 설명은 Joseph F. Zimmerman, *Participatory democracy*, Praeger, 1986, pp. 1~34의 내용을 정리한 것이다.

4. 김의영, 『미국의 결사체 민주주의』, 아르케, 2006, 65쪽.

5. Thomas E. Cronin, *Direct Democracy: The Politics of Initiative, Referendum and Recall*, Harvard University Press, 1989, pp. 87~90.

6. Thomas E. Cronin, 위의 책, pp. 90~124.

7. Joseph F. Zimmerman, 위의 책, pp. 57~59.

8. Thomas E. Cronin, 위의 책, p. 155.

9. Joseph F. Zimmerman, 위의 책, pp. 125~126.

10. Archon Fung, "Deliberative Democracy, Chicago Style: Grass-roots Governance in Policing and Public Education", Archon Fung and Erik Olin Wright eds., *Deepening Democracy*, Verso, 2003, pp. 111~143의 내용을 정리한 것이다.

11. Craig W. Thomas, "Habitat Conservation Planning", Archon Fung and Erik Olin Wright eds., 위의 책, pp. 144~176의 내용을 정리한 것이다.

12. Gianpaolo Baiocchi, "Partipation, Activism, and Politics: The Porto Alegre Experiment", Archon Fung and Erik Olin Wright eds., 위의 책, pp. 45~76의 내용을 정리한 것이다.

13. 간취점에 관해서는 Archon Fung and Erik Olin Wright, "Countervailing Power in Empowered Participatory Governance", Archon Fung and Erik Olin Wright eds., 위의 책, pp. 259~290의 내용을 정리, 참조했다.

8장 심의민주주의의 탄생

1. 심의민주주의의 장점에 관한 논의는 James D. Fearon, "Deliberation and Discussion", Jon Elster ed., *Deliberative Democracy*, pp. 44~68의 내용을 정리한 것이다.
2. Adam Przeworski, "Deliberation and Ideological Domination", Jon Elster ed., 위의 책, pp. 97~122.
3. 경향신문 특별취재팀 엮음, 『민주화 20년, 지식인의 죽음 : 지식인, 그들은 어디에 서 있나』, 후마니타스, 2008, 175쪽.
4. 경향신문 특별취재팀 엮음, 위의 책, 175쪽
5. 경향신문 특별취재팀 엮음, 위의 책, 128쪽.
6. 이러한 아이디어는 Joshua Cohen and Joel Rogers, "A Proposal for Reconstructing Democratic Institutions", Erik Olin Wright ed., *Associations and Democracy*, pp. 7~100에서 자세하게 개진되고, 정당화된다.

9장 더 나은 민주주의를 위한 제안

1. 김상준, 『미지의 민주주의』, 310쪽.
2. 공론조사에 관해서는 제임스 피시킨, 『민주주의와 공론조사』, 김원용 옮김, 이화여자대학교출판부, 2003, 154~190쪽 참조.
3. 결사체가 민주주의의 영역을 확장해나가는 역할을 한다는 점에 대해서는 김의영, 『미국의 결사체 민주주의』, 특히 제2장과 제3장을 참조.
4. 행정입법의 통제는 영국에서 가장 발달했다. 영국에서는 기본적으로 본회의에서 행정입법을 심사하고 승인해야 제정, 개정, 폐지의 효력이 생긴다. 반면에 대한민국에서는 국회법 제98조의 2가 정하고 있는 검토 제도밖에 없다. 해당 조항은 행정입법을 제정, 개정, 폐지할 때 국회에 안을 제출하도록 되어 있고, 국회는 법률 위반의 문제만 심사하고, 검토 결과를 통보하면 행정부가 처리 계획을 보고한다. 그러나 실제로 행정부는 처리 계획을 제대로 보고하지 않는 경우가 많으며, 계획을 제대로 집행하지 않는 경우도 왕왕 있다. 그런다고 기존의 행정입법이 무효가 되지는 않기 때문이다. 통보 사항을 불이행했을 경우 국회의 통제 수단이 직접적으로 없는 것이다. 게다가 상위 법률에 위반되느냐 하는 위법성 관점에서만 평가하도록 되어 있어, 애초의 입법 목적이었던 정책 타당성 관

점에서는 평가를 하지 않아 법률의 취지가 크게 왜곡될 여지도 있다.

5. 아래의 논의는 존 스튜어트 밀, 『대의정부론』, 118~121쪽에서 인용한 것이다.

6. 정당과 결사체에 시민들이 직접 투표하는 방식으로 공적 재정을 지원하는 바우처 아이디어는 필리프 슈미터와 클라우스 오페가 제안한 것으로, 이제는 정치학자들 사이에 널리 알려져 폭넓은 지지를 받고 있다. 온전한 대의를 촉진시키는 매우 강력한 방안이기 때문이다. 관련하여 간명한 설명은 제임스 피시킨, 『민주주의와 공론조사』, 183~184쪽 참조.

10장 자유로운 시민들의 새로운 민주주의

1. 베네딕트 데 스피노자, 『정치론』, 김호경 옮김, 갈무리, 2008, 61~62쪽.

2. 위르겐 하버마스, 『사실성과 타당성: 담론적 법이론과 민주적 법치국가 이론』, 한상진·박영도 옮김, 나남, 2007, 236쪽. 여기서는 이를 "사회적 권력이 걸러지지 않은 채, 즉 의사소통적 권력 형성의 수문을 통과하지 않은 채 행정 권력으로 번역되는 것을 방지"한다고 표현한다.

3. 김종성, 『조선 노비들, 천하지만 특별한』, 역사의아침, 2013, 38~40쪽.

4. 김종성, 위의 책, 158~162쪽.

5. 김종성, 위의 책, 168쪽.

6. 김종성, 위의 책, 164쪽.

7. 김종성, 위의 책, 115쪽.

8. John Rawls, "Kantian Constructivism in Moral Theory", Samuel Freeman, ed., *Collected Papers*, MA: Harvard University Press, 2001, p. 331.

9. John Rawls, 위 논문, p. 330.

10. 크세노폰, 『키루스의 교육』, 이동수 옮김, 한길사, 2015, 46쪽.

11. 밀턴 마이어, 『그들은 자신들이 자유롭다고 생각했다』, 박중서 옮김, 갈라파고스, 2014, 80쪽.

12. 밀턴 마이어, 위의 책, 81쪽.

13. 밀턴 마이어, 위의 책, 83~84쪽.

14. 밀턴 마이어, 위의 책, 85~86쪽.

15. 밀턴 마이어, 위의 책, 86쪽.

16. 밀턴 마이어, 위의 책, 95쪽.

17. 칼 포퍼, 『열린사회와 그 적들 I』, 이한구 옮김, 민음사, 1963, 92쪽.

18. 존 로크, 『통치론: 시민정부의 참된 기원, 범위 및 그 목적에 관한 시론』, 강정
인·문지영 옮김, 까치, 1996, 156쪽.

19. 조지 오웰, 『1984』, 정회성 옮김, 민음사, 2003, 13쪽.

20. 조지 오웰, 위의 책, 222쪽.

21. 이마누엘 칸트, 『실용적 관점에서의 인간학』, 백종현 옮김, 아카넷, 2014. 120
쪽.

22. 폴 우드러프, 『최초의 민주주의: 오래된 이상과 도전』, 이윤철 옮김, 돌베개,
2012, 23쪽.

23. 위르겐 하버마스, 『공론장의 구조변동: 부르주아 사회의 한 범주에 관한 연구』,
한승완 옮김, 나남, 2004, 327쪽.

24. 리처드 셍크먼, 『우리는 왜 어리석은 투표를 하는가』, 55~57쪽.

ㄱ

감베타, 디에고Diego Gambetta 110~113
개방 타운미팅open town meeting 152
계몽된 이해enlightened understanding 39,
　　41~43, 47, 55, 56, 64, 75, 79, 80,
　　101, 105, 122, 148, 168, 175, 176,
　　219
공동선common good 51~53
공론장Öffentlichkeit 226, 229, 235~237
공론조사 204, 205
공민성civility 18~21, 30
공산주의 36, 47
공적 심의public deliberation 177, 181
교섭 유형 110, 111
국민성nationality 226
권위authority 42, 48, 117, 127, 226
권위주의적 통치 88

ㄴ

나임, 모이세스Moisés Naim 84
내각책임제 36

ㄷ

단순 직접민주주의 135~140, 143~145,
　　147, 148, 151, 175, 192, 206, 219,
　　220
달, 로버트Robert Dahl 7, 39, 218
대리인 102~104, 108, 144, 145
대의민주주의 12, 26, 30, 32, 64, 67, 75,
　　79, 88, 97, 105, 107, 118, 127~129,
　　135, 138, 139, 142, 144, 145, 148,
　　151, 172, 175, 181, 191, 218, 235
대의제 타운미팅 153, 154
대통령중심제 36
되먹임 고리 138, 233

드로미, 로베르토 85

ㄹ

라이트, 에릭 올린Erik Olin Wright 161
레퍼렌덤 155~160, 171

ㅁ

무임승차 170, 181, 182, 219
무작위 표집random sampling 199
밀, 존 스튜어트John Stuart Mill 52, 216

ㅂ

바우처(바우처 제도) 8, 196, 198, 199,
   212, 213, 215, 217, 218, 220, 221
바이마르공화국 82, 83
반응성responsiveness 42, 172, 218
보비오, 노르베르토Norberto Bobbio 37,
   135
부분적 노예 230~232, 234
분석적 사회 114
분석적 지식 111, 112

ㅅ

사악한 이익 52
사익 52
사인private person 17, 209
삼각 민주주의 197, 218, 219, 221
삼중 유인 구조 217, 218
선호 집계 민주주의 180
소환제 155, 160, 161, 171
숙고한 공중 123, 124
숙련된 민주주의skilled democracy 216

쉐보르스키, 아담Adam Przeworski 38, 182
스토크스, 수전Susan C. Stokes 85~87, 91
스티글리츠, 조지프Joseph Stiglitz 94
시민성citizenship 180, 226
심의민주주의 8, 31, 110, 171, 172,
   175~181, 183, 192, 205, 206, 210,
   212, 215, 217~219
심의적 참여민주주의 161
심의회 196~206, 208~210, 215,
   217~220

ㅇ

알카에다 126
여론 정치 118, 119, 126, 172
여론조사 20, 30, 49, 80, 118~122,
   125~128, 142, 195, 219, 236, 237
오도넬, 기예르모Guillermo A. O'onnell 87
온전한 대의 56~59, 61~64, 75, 76, 97,
   172, 175, 176, 182
원로원 37
위임민주주의delegate democracy 87
유신헌법 38
이의 제기 레퍼렌덤protest referendum 156
인민의 의사 43, 80~82, 87, 88, 97, 105,
   118, 119, 156, 218
인지적 노예 232~235, 237

ㅈ

자문 레퍼렌덤advisory referendum 156
전체주의 36, 37, 47
정당성legitimacy 67, 102, 105, 126, 138,
   140, 147, 158, 159, 176, 177, 180

정책 전환Policy Switch 78, 80, 83, 86~91, 93, 95~97, 105, 194

정치 신문 196, 202, 204, 207~210, 217

제한된 합리성 179

조작적 공개성 237

지표적 사회 114, 116

지표적 태도 112~115, 117, 118

직접민주주의 7, 8, 31, 58, 76, 129, 133~140, 142~145, 147, 148, 151, 154, 159, 171, 172, 175, 181, 206

ㅊ

참주tyranny 237

참주정 230, 231, 234, 236, 237

책임성accountability 24, 42, 86, 87, 156, 164, 172, 199, 218

청원 레퍼렌덤petition referendum 156

추정적 의사 81, 88

치머만, 요제프Joseph F. Zimmerman 152

ㅋ

크루그먼, 폴Paul Krugman 94

클라로 문화 108, 110, 111

ㅌ

토론 유형 110, 111

토플러, 앨빈Alvin Toffler 134

통치의 파편화 142

ㅍ

펑, 아콘Archon Fung 161

포괄성inclusiveness 40, 101, 219

포럼쇼핑 184

포퍼, 칼Karl Popper 38

ㅎ

허쉬만, 알베르트Albert Hirshman 110

헬드, 데이비드David Held 134

호민관 37

후세인, 사담Saddam Hussein 126

후지모리, 알베르토Alberto Fujimori 83, 84, 89, 90

기타

『대명률직해』 228

『민주주의 심화하기Deepening Democracy』 (아콘 펑·에릭 올린 라이트) 161

『민주주의의 모델』(데이비드 헬드) 134

『열린사회와 그 적들』(칼 포퍼) 38

『제3의 물결』(앨빈 토플러) 134

『참여민주주의Participatory democracy』(요제프 치머만) 152

지은이 이한

변호사이자 시민교육센터 대표이다. 서울대학교 법학과를 졸업하고, 같은 대학원에서 법학박사 학위를 받았다. 민주주의와 정치철학에 관심을 갖고 연구와 집필을 하고 있다.
지은 책으로 『중간착취자의 나라』(2017년), 『삶은 왜 의미 있는가』(2016년), 『정의란 무엇인가는 틀렸다』(2012년), 『이것이 공부다』(2012년), 『너의 의무를 묻는다』(2010년), 『철학이 있는 콜버그의 호프집』(2005년), 『탈학교의 상상력』(2000년), 『학교를 넘어서』(1998년) 등이 있고, 옮긴 책으로 『사치 열병』(2011년), 『포스트민주주의』(2008년), 『이반 일리히의 유언』(2010년), 『계급론』(2005년) 등이 있다.

시민교육센터 www.civiledu.org

철인왕은 없다

발행일	2018년 12월 31일 (초판 1쇄)
지은이	이한
펴낸이	이지열
펴낸곳	미지북스
	서울시 마포구 성암로 15길 46(상암동 2-120번지) 201호
	우편번호 03930
	전화 070-7533-1848 팩스 02-713-1848
	mizibooks@naver.com
	출판 등록 2008년 2월 13일 제313-2008-000029호
책임 편집	이지열, 서재왕
출력	상지출력센터
인쇄	한영문화사
ISBN	978-89-94142-90-6 03340
값	13,800원

• 블로그 http://mizibooks.tistory.com
• 트위터 http://twitter.com/mizibooks
• 페이스북 http://facebook.com/pub.mizibooks